Reinhold Ulonska

GEISTESGABEN IN LEHRE UND PRAXIS

D1699633

Reinhold Ulonska

Geistesgaben in Lehre und Praxis

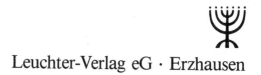

Leuchter-Verlag eG · Erzhausen

Umschlaggestaltung: Dieter Illgen, Hannover

1. Auflage: Oktober 1983
2. Auflage: März 1985
© 1983 by Leuchter-Verlag eG, 6106 Erzhausen
ISBN 3-87482-103-X

Gesamtherstellung:
Schönbach-Druck GmbH, 6106 Erzhausen bei Darmstadt

Inhalt

1. Kapitel

Gott schweigt nicht!

„In betreff der Geistesgaben aber will ich euch, liebe Brüder, nicht im Unklaren lassen. Ihr wißt von eurer Heidenzeit her: da waren es die stummen Götzenbilder, zu denen ihr mit unwiderstehlicher Gewalt hingezogen wurdet. Darum tue ich euch kund, daß niemand, der im Geiste Gottes redet, sagt: »Verflucht ist Jesus!« und keiner zu sagen vermag: »Jesus ist der Herr!« außer im Heiligen Geist."

1. Korinther 12, 1—3

GIBT ES EINEN LEBENDIGEN GOTT?

Ein Bekannter von mir besuchte das berühmte Wachsfigurenkabinett Madame Tussauds in London. Der Rundgang hatte ihn sehr ermüdet. Er sah einen freien Stuhl, der offensichtlich irgendeiner Wachsfigur eine Zeitlang als Stellplatz gedient hatte, und setzte sich darauf. Weil er sehr müde und die Luft so drückend war, schlief er ein. Auf einmal wachte er auf — er hörte Stimmen. Eine englische Damen-Reisegruppe stand um ihn herum und diskutierte. Man suchte offensichtlich eifrig in dem gedruckten Führer nach dieser seltsam liegenden Figur auf dem Stuhl und ihrer Bedeutung. Eine historische Figur konnte sie wegen der modernen Kleidung nicht sein. Um eine berühmte Figur aus dem künstlerischen oder politischen Leben konnte es sich auch nicht handeln, denn niemand kannte sie. Plötzlich vernahm unser Bruder die Äußerung einer der umstehenden Damen: „Das ist gewiß eine Lehrlingsarbeit. Schaut einmal, wie schlecht sie gemacht ist. Das sieht doch ein jeder, selbst wenn er schlechte Augen hätte, daß diese hier eine künstliche Wachsfigur ist. Die anderen Figuren sehen aus als lebten sie, aber diese ist völlig unnatürlich." Da konnte unser Bruder nicht mehr an sich halten. Vorsichtig öffnete er seine Augen und richtete sich auf. Mit einem Entsetzensschrei sprangen die Nächststehenden zurück und riefen: „Er lebt doch! — Er lebt doch! — Er lebt doch!"

Das Erschrecken hier kann man sich gut vorstellen. Man hielt diese Figur für schlecht gemacht und für tot — und plötzlich regte und bewegte sie sich und bezeugte allein dadurch, daß sie lebte.

Der Apostel Paulus trug das Evangelium von Jesus Christus in eine Welt voller toter Götzen. Er versuchte den Menschen seiner Zeit klarzumachen, daß es sich bei dem Gott seines Evangeliums nicht um eine Konkurrenz zu den vielen Götzen handelte. ,,Als Heiden'', sagte er, ,,wurdet ihr mit Gewalt zu den stummen Götzen fortgerissen. Aber ich verkündige einen Gott, der lebt, der sich offenbart, der redet.''

Gott ist nicht stumm. Gott redet und bezeugt sich im Leben der Menschen als der lebendige Herr. Wenn wir in die Heilige Schrift hineinschauen, stellen wir fest, daß Gott sich immer als der lebendige und redende Gott den Menschen offenbarte. Er redete zu Adam — Er redete zu Noah — Er redete zu Abraham — Er redete zu Mose. Daß Gott lebt, soll in den Gottesdiensten der Gemeinde Jesu Christi eindrucksvoll offenbar werden. Daß Gott redet, soll von Menschen erfahren werden. Unser Gott ist kein stummer Götze. Unser Gott ist keine erdachte Figur, und Sein Wort ist keine Theorie. Gott redet!

WIE REDET GOTT?

Gott redet zunächst und vornehmlich durch Sein Wort, durch das geschriebene Wort der Heiligen Schrift. In diesem Wort hat Gott Seine Liebe und Sein Heil schriftlich niedergelegt und Seinen Willen kundgetan. Durch dieses Wort der Heiligen Schrift will Er zu den Menschen reden. Gewiß, es gibt ein Lesen und ein Verkündigen dieses Wortes Gottes, das überhaupt kein Reden Gottes vermittelt. Die Heilige Schrift ist inspiriert durch den Heiligen Geist und muß im Heiligen Geist verkündigt werden. Wo der Heilige Geist wirkt und lebendig macht, redet Gott durch das verkündigte Wort. Das Wort vom Kreuz wird dann eine rettende Gotteskraft. Menschen erfahren, daß diese Kraft ausreicht, auch sie aus ihren Sünden, Problemen und ihrer Leere herauszuretten. Das Wort Gottes ist dann keine Theorie — und darf es auch nie bleiben —, sondern Gottes Handeln am Menschen.

Wie wichtig ist auf diesem Hintergrund die Predigt des Wortes Gottes. Wie wichtig ist es aber auch, daß der Prediger im Heiligen Geist predigt, daß die Salbung des Heiligen Geistes das Wort lebendig macht, so daß Gott durch dieses Wort in Vollmacht redet.

Es gibt nur eine einzige Quelle für Wahrheit, Lehre und Leben, das ist das Wort Gottes. Es kann keine Wahrheitslehre auf irgendein Erlebnis oder menschlichen Ideen aufgebaut werden, sondern einzig und allein auf dem Worte Gottes. Hier ist der Maßstab und die Norm, an der alle Normen genormt werden müssen. Wir können nicht hoch genug vom Worte Gottes denken, nicht treu genug dieses Wort verkündigen. Dieses Wort besteht aus den beiden Schriftensammlungen des Alten und Neuen Testamentes. Dieses Wort der Heiligen Schrift ist ausreichend zum Erkennen der göttlichen Wahrheit. Es ist — trotz aller Verschiedenheit — eine Einheit, und es legt sich selber aus.

Gott redet durch Seinen Heiligen Geist. Der Gott, der grundlegend, verbindlich und lebensschaffend durch die Heilige Schrift redet, bezeugt sich in der Gemeinde auch durch die Gnadengaben des Geistes und Seine Kraftwirkungen. Es wird häufig behauptet, daß wir, seitdem die Heilige Schrift abgeschlossen ist, keine Gaben des Heiligen Geistes mehr brauchten. Aber es gibt in der Bibel keine Hinweise dafür, daß die Gnadengaben des Heiligen Geistes je den Platz der Heiligen Schrift eingenommen hätten. Schon in den Tagen der Apostel bekräftigten die Geistesgaben und die Kraftwirkungen das verkündigte Wort. Die Quellen der Lehre waren die Schriften des Alten Testamentes und die Apostellehre. Die Geistesgaben haben offensichtlich nie den Rang einer Lehrquelle — z. B. der Apostellehre — eingenommen. Im Gegenteil, alle Offenbarungen, die sich auf den Geist Gottes beriefen, wurden und mußten an der Apostellehre geprüft werden. Das gilt auch heute. Der Heilige Geist, der in den Gaben wirkt, bestätigt, bekräftigt das Wort Gottes und bezeugt den gegenwärtigen Herrn. Diese Offenbarungen müssen sich aber auch heute am Worte Gottes messen und sich von ihm korrigieren lassen. Weil aber die Geistesgaben nie einen kanonischen Rang einnahmen, können sie auch nicht mit der Festlegung des neutestamentlichen Kanons überflüssig geworden sein.

Was ist nun der spezielle Sinn der Gaben des Heiligen Geistes? Sie sollen die Verkündigung des Wortes begleiten und so deutlich machen, daß Gott kein stummer Götze ist. Gott will sich bei der Verkündigung des Evangeliums und in den Gottesdiensten Seiner Gemeinde offenbaren. Dabei sollen Menschen erleben: Gott ist wahrhaftig in eurer Mitte. Es geht darum, daß der gegenwärtige, lebendige Herr auch als gegenwärtiger, lebendiger Herr erfahren wird. Professor Karl Barth sagte einmal: ,,Der Heilige Geist ist tatsächlich nichts anderes als die Macht, durch die Jesus sich selbst wirksam bezeugt, sich unter und in den Menschen Gehör verschafft.'' Das ist der Sinn der Gaben des Heiligen Geistes. Wenn die Apostel schon für ihre Verkündigung nötig hatten, daß der Herr Sein Wort durch mitfolgende Zeichen bekräftigte, dann ganz gewiß wir noch viel mehr. In unserer Zeit, in der die Menschen vom Glauben an einen lebendigen Gott — der Herr ist über alles und erfahren werden kann — weggebracht werden, ist es dringend nötig zu bezeugen: Gott lebt! Er ist kein stummer Götze. Er offenbart sich in der Gemeinde Seiner Heiligen und wirkt mitten unter ihnen. Das Ziel der Geistesgaben ist: Christus als den lebendigen Herrn zu offenbaren und zu verherrlichen. Die Gaben des Geistes leiten immer zum Geber. Dabei dienen sie der Gemeinde zur Erbauung und dem einzelnen zur Hilfe in seinem Glaubensleben. Durch die Gaben des Geistes soll deutlich werden: Jesus ist der Herr! Er ist der Herr, der Sünde, Satan und den Tod überwunden hat. Weil Er wirklich am Kreuz gesiegt hat, kann Er Sein Wort wahrmachen und in Seiner Macht helfen, segnen und den Menschen begegnen. Für viele Menschen in Sünde, Not und Zweifel ist ein Gott im Himmel völlig uninteressant. Wir alle kennen den bitterbösen Ausspruch: ,,Den Himmel überlassen wir den Spatzen und den Pfaffen.'' Aber Gott will nicht nur ein Gott im Himmel sein, sondern ,,Gott wahrhaftig in unserer Mitte''. Durch die Gaben des Heiligen Geistes soll dies erfahren und erlebt werden. Wer eine tiefe Not für die hoffnungslosen und doch suchenden Menschen empfindet, wird am Zeugnis des Neuen Testaments von den Gnadengaben des Geistes nicht achtlos vorübergehen können. Die Liebe zu den anvertrauten Menschen läßt uns den Wert der Gaben entdecken, und der Glaube an den lebendigen Herrn läßt sie uns empfangen. Durch diese Gaben will Gott in konkrete Situationen und persönliche Nöte hineinreden oder hineinwirken. Seine Liebe ist so groß, daß Er nicht schweigt.

Stumme Götzen können noch so ideal geschildert werden, sie helfen keinem Menschen und werden mit der Zeit uninteressant. Immer wieder erleben wir die Tatsache, daß man da, wo man die Erfahrbarkeit Gottes leugnet, auch bald Gott leugnet oder gleichgültig ohne Ihn lebt. Ein Gott, der nicht konkret erfahren werden kann, ist völlig unbeachtenswert. Soweit darf es nicht kommen. Gott ist erfahrbar, Gott lebt, Gott schweigt nicht. Er will sich selbst durch Wunder, Zeichen und mancherlei Austeilungen des Heiligen Geistes bezeugen, so daß jeder erkennen soll: Er ist wahrhaftig in unserer Mitte.

Für mich war die erste Begegnung mit Geistesgaben — in einer Gebetsversammlung — von einer so tiefen Wirkung, daß ich sie bis heute nicht vergessen kann. Gott redete damals durch den Heiligen Geist genau in eine konkrete Situation hinein: Eine Mutter betete verzweifelt für ihren Sohn. Er hatte seinen Verstand verloren, als er aus einem brennenden Holzhaus sprang, um sein Leben zu retten. Nun war er schon einige Jahre in einer geschlossenen Anstalt und dämmerte vor sich hin. Bis jetzt hatte er nie seine Mutter erkannt und war völlig unansprechbar. Nun wurde durch eine Vision mit prophetischer Deutung der Mutter zugesagt, daß Gott den Sohn befreien und heilen würde. Ausdrücklich wurde betont: ,,Schon beim nächsten Besuch sollst du das Wunder beginnen sehen!'' Am folgenden Sonntag besuchte die Mutter ihren Sohn: Ein Wunder war geschehen! Der Sohn war aus der geschlossenen Anstalt herausgenommen, erkannte seine Mutter und war wieder ansprechbar. Zum erstenmal nach vier Jahren unterhielt er sich mit seiner Mutter. Heute ist dieser Mann geheilt und lebt so, als wäre er nie krank gewesen.

Diese Begebenheit hat mich sehr beeindruckt. Welch ein Gott, der sich in unserem Leben offenbaren will, der in der Mitte der Gemeinde anwesend ist. Unser Gott will nicht nur theoretisch akzeptiert, sondern auch als der Lebendige erfahren werden. ,,Strebet eifrig nach den Gaben des Geistes'', mahnt uns die Bibel. Das tut sie nicht, um uns einen höheren Rang zu verleihen, sondern um die Gemeinde zu erbauen, indem in ihr alle getröstet, ermutigt und erbaut werden. Menschen sollen erfahren: Es gibt einen Gott, der sich um mich kümmert und dem ich nicht gleichgültig bin. Die Verheißungen der Bibel sind auch in diesem Stück Wahrheit, denn was die Bibel sagt, das geschieht auch heute, hier und jetzt.

Allerdings muß erwähnt werden, daß dazu auch der Heilige Geist in der Fülle in uns wohnen muß. Wir müssen, wie die Bibel sagt, mit dem Heiligen Geist getauft werden, der dann allein uns diese Gaben schenkt. Deshalb wollen wir, ehe wir auf die Gaben des Geistes näher eingehen, im nächsten Kapitel erst von der Taufe im Heiligen Geist reden.

Allerdings möchte ich hier noch auf eine weitere, sehr wichtige, Wahrheit hinweisen, ehe wir weitergehen: In unserer Zeit, in der soviel von der ,,charismatischen Erneuerung'' gesprochen wird, verwendet man statt des Wortes ,,Geistesgabe'' auch oft das griechische Wort CHARISMA, was korrekt übersetzt ,,Gnadengabe'' heißt, aber nicht ,,Geistesgabe''. Es gibt in der Bibel mehr Charismen, also

Gandengaben, als es Geistesgaben gibt. Aus diesem falschen Verständnis des Wortes CHARISMA sind dann vor allem in den letzten Jahren eine ganze Reihe unrichtiger Auslegungen und Mißverständnisse erwachsen.

Aus diesem Grunde müßte hier unbedingt eine kurze Bibelstudie über die Bedeutung des Wortes CHARISMA folgen. Da ich dabei aber eine ganze Reihe griechischer Wörter und Begriffe verwenden und eine Anzahl Bibelstellen anführen müßte, würde es die flüssige Lesbarkeit dieses Buches unterbrechen. Ich habe mich deshalb entschlossen, diese kurze Bibelstudie als Anhang an den Schluß des Buches zu setzen. Allen, die besser über die Bedeutung des Begriffs CHARISMA Bescheid wissen wollen, empfehle ich deshalb, die kleine Mühe nicht zu scheuen, und den Anhang aufmerksam durchzulesen und ebenfalls alle von mir dort angegebenen Bibelstellen einmal nachzulesen und zu vergleichen. Es wird sicher für jeden Bibelleser von großem Gewinn sein.

2. Kapitel

Die Taufe im Heiligen Geist

Wenn ich hier von der Geistestaufe rede, so tue ich das als Vertreter der klassischen Pfingstbewegung, denn die pfingstliche Lehre von der Geistestaufe als ein spezielles Erlebnis wird, vor allem bei uns in Deutschland, von einer Reihe unserer charismatischen Brüder und Freunde immer noch bestritten und ist für viele ein Stein des Anstoßes.

Ich bin immer betrübt, wenn man der Pfingstbewegung unterstellt, sie lehre einen mehrstufigen Heilsweg. Aber die Pfingstbewegung, mit Ausnahme weniger Außenseiter und Extremisten, hat noch nie einen zwei- oder mehrstufigen *Heilsweg* gelehrt. Sie lehrt zwar viele Erfahrungen mit Gott, dem Heiligen Geist, aber niemals einen mehrstufigen *Heilsweg*. Diese weiteren Erfahrungen mit dem Heiligen Geist sind Schritte auf dem Heilsweg, den wir mit der Wiedergeburt betreten haben, aber keine Stufen. Eine Stufe bedeutet ja immer eine Überhöhung des Vorherigen. Aber wir glauben nicht, daß der Christ durch die Geistestaufe eine höhere Stufe einnimmt und auf andere herabschauen kann. Er ist auf dem Weg der Gnade einen Schritt weitergegangen. Er hat eine neue wichtige Erfahrung gemacht, durch die ihm Christus größer und sein Christenleben vertieft und bevollmächtigt wird.

Ich hielt einmal einen Vortrag vor einer Pastorenkonferenz. Diesem Vortrag folgte eine Aussprache. Dabei wurde mir die Frage gestellt: ,,Kann es denn überhaupt noch mehr geben als die Gotteskindschaft? Das ist doch die Grunderfahrung. Wer diese Erfahrung gemacht hat, hat den Heiligen Geist und damit alles?!'' Meine Antwort war: ,,Es gibt nicht mehr Heil als die Gotteskindschaft, aber es gibt mehr für Gotteskinder als die Grunderfahrung.'' So ist zum Beispiel unsere Verwandlung in das Bild Jesu ein Werk des Heiligen Geistes. Nach Römer 8, 11 wird ebenso einmal unsere Auferstehung eine Erfahrung mit dem Heiligen Geist sein. Nach der Wiedergeburt, und auch nach der Geistestaufe, gibt es weitere herrliche, wichtige und wunderbare Erfahrungen durch den Heiligen Geist, die natürlich alle ihre Wurzeln in der Grunderfahrung des Errettetseins und der Erfahrung der Gotteskindschaft, haben.

Um unsere Position klarzumachen, weshalb wir nicht die Geistestaufe mit der Heilserfahrung gleichsetzen und in der Geistestaufe eine bestimmte zusätzliche Erfahrung zum Empfang der Kraft des Heiligen Geistes sehen, ein paar erklärende Worte.

Die Frage ist zunächst: ,,War die Pfingsterfahrung der Jünger ihre Heilserfahrung?'' Wir müssen dabei fragen: ,,Was verstehen wir unter Heilserfahrung?'' Wir verstehen doch alle unter Heilserfahrung die Gewißheit der Annahme durch Christus nach dem Bankrott der Selbstgerechtigkeit. Die Etappen dazu sind in der Regel Sünden- und Verlorenheitserkenntnis, Umkehr, Vergebungsgewißheit und Friedensempfang durch den lebendigen Glauben an den Sieg Jesu durch Kreuz und Auferstehung. Dies alles geschieht durch geistgewirktes Hören des Wortes Gottes und Eingehen auf den Ruf Christi zur Nachfolge.

Alle diese Erfahrungen hatten die Jünger schon vor Pfingsten durch ihren persönlichen Umgang mit Jesus. Sie haben aus Jesu eigenem Mund den Ruf zur Nachfolge vernommen und sind Ihm gefolgt. Sie erlebten in der Begegnung mit Jesus ihre Verlorenheits- und Sündenerkenntnis: ,,Herr, gehe hinaus von mir, ich bin ein sündiger Mensch.'' Sie wurden auch durch Jesus der Reinigung von ihren Sünden gewiß gemacht: ,,Ihr seid schon rein um des Wortes willen, das Ich zu euch geredet habe.'' Jesus machte sie gewiß, daß ihre Namen im Himmel geschrieben sind: ,,Freuet euch vielmehr darüber, daß eure Namen im Himmel angeschrieben sind.'' Durch Jesus empfingen sie Frieden: ,,Frieden lasse ich euch, meinen Frieden gebe ich euch.'' Sie bekamen nach der Auferstehung Gewißheit der vollbrachten Kreuzeserlösung: ,,Mußte nicht der Christus dieses alles leiden...'' Sie erlebten Jesus als den Auferstandenen. Diese Gewißheit Seiner Auferstehung hat ihr ganzes Leben geprägt.

Dieses alles haben die Jünger durch persönliche Erfahrung in der persönlichen Begegnung mit Jesus erlebt, und zwar *vor* Pfingsten.

Aber alles das, was sie vor Pfingsten hatten, wurde nicht ,,Geistestaufe'' genannt. Obwohl sie durch anblasen Heiligen Geist empfingen (Johannes 20, 22), waren sie dennoch nicht geistgetauft. Jesus sagt ihnen in Apostelgeschichte 1, 4 + 5, daß sie auf die Verheißung des Vaters warten sollten ,,wie ihr von Mir gehört habt, denn Johannes taufte mit Wasser, ihr aber werdet mit dem Heiligen Geist getauft werden nicht lange nach diesen Tagen''. Diese Worte Jesu machen klar, daß „mit Heiligem Geist getauft werden" eine besondere, zusätzliche Erfahrung ist.

Die Erfahrung, die die Jünger zusätzlich zu allem, was sie jetzt schon hatten, machen sollten, wurde „mit Heiligem Geist getauft" genannt. Nicht die Überführung von der Sünde oder die Gewißheit der vollbrachten Erlösung durch Jesus sowie Seiner Auferstehung. Alles dieses hatten sie ja vor Pfingsten. Die Geistestaufe war eine zusätzliche spezielle, geistliche Erfahrung, die ihnen trotz aller bisherigen Erfahrungen noch fehlte.

Wir müssen eine Unterscheidung zwischen dem Pfingstereignis und der Pfingsterfahrung der Jünger machen. Das Pfingstereignis ist einmalig und unwiederholbar. Es hat eine heilsgeschichtliche Dimension.

Als Jesus auf Erden war, war Er der Paraklet Seiner Jünger. In 1. Johannes 2, 1 wird Jesus der *Parakletos* genannt: „So haben wir einen *Parakletos* bei Gott, ... einen Fürsprecher, der für uns eintritt..." In Seinen Abschiedsreden sagt Er: „Einen anderen Parakleten (Tröster) wird Gott senden." Mit diesem Wort „einen anderen" sagt Er, daß Er sich bis jetzt als ihr *Parakletos* (Beistand, Helfer) verstand. Das, was Jesus, als Er auf Erden lebte, an den Jüngern persönlich durch Augenzeugenschaft, Miterleben, Wort, Handreichung und Zuspruch wirkte, das wirkt jetzt alles, nach dem Kommen des anderen Parakleten, der Heilige Geist. In diesem Sinne ist Heilserfahrung heute die heilsentscheidende Wirkung des Heiligen Geistes. Er überführt von der Sünde, von der Gerechtigkeit, vom Gericht. Sein Geist gibt Zeugnis unserem Geist, daß wir Gottes Kinder sind.

Weil der Heilige Geist als der „andere Paraklet" zu Pfingsten in die Welt kam, wirkt Er jetzt alles das, was die Jünger durch Jesus selbst bekamen. Aber darüber hinaus soll Er auch die Erfahrung schenken, die die Jünger bis Pfingsten nicht hatten. Diese besondere Erfahrung nennt das Neue Testament Geistestaufe. Erst mit dieser zusätzlichen, besonderen Erfahrung erfüllte sich das Wort: „Er wird euch mit dem Heiligen Geist taufen." Die Apostel selber beriefen sich später bei einer ähnlichen Erfahrung darauf: „Da dachte ich an das Wort des Herrn: »Johannes hat mit Wasser getauft, ihr aber sollt mit dem Heiligen Geist getauft werden.«"

Das Pfingstereignis ist tatsächlich mehr als diese spezielle Pfingsterfahrung der Jünger. Das Pfingstereignis ist das heilsgeschichtliche Kommen des Heiligen Geistes in die Welt und die Übernahme des Parakletendienstes für die gesamte Menschheit. Mit Pfingsten begann eine neue Epoche, die Epoche des Geistes, in der wir jetzt leben (2. Korinther 4, 6). Der Heilige Geist führt jetzt als der andere Paraklet in das hinein, was die Jünger auch schon vor Pfingsten hatten, aber gibt zusätzlich die Geistestaufe, die die Jünger erst zu Pfingsten empfingen. In unseren Tagen ruft der Herr durch den Heiligen Geist zur Umkehr und zur Nachfolge, überführt von Sünden, schenkt lebendigen Glauben und Frieden. So läßt Er uns Erlösung erfahren und der Annahme als Gotteskind gewiß werden. Aber nicht alles, was der Geist seit Pfingsten wirkt, wird im Neuen Testament „Geistestaufe" genannt, sondern nur eine an Pfingsten gemachte spezielle Erfahrung. So ist also zu unterscheiden zwischen Pfingstereignis (Kommen des Heiligen Geistes in die Welt als der andere Paraklet) und der Pfingsterfahrung der Jünger, (dem „getauft werden mit dem Heiligen Geist").

Diese Pfingsterfahrung war für die Jünger keine nebensächliche Hobby-Erfahrung. Der Herr Jesus *befahl* ihnen, daß sie nicht von Jerusalem wichen, sondern auf die Verheißung des Vaters, auf das Getauftwerden mit dem Heiligen Geist warteten. Diese Geistestaufe war nicht die Heilserfahrung der Jünger, sondern Ausrüstung zum Dienst mit Kraft aus der Höhe (Apostelgeschichte 1, 8): „Ihr werdet Kraft empfangen, wenn der Heilige Geist auf euch kommen wird, und werdet Meine Zeugen sein."

Zu Pfingsten kam der Heilige Geist in die Welt, aber die Welt wurde nicht geistgetauft, sondern nur die Menschen, die schon das Heil hatten. Das heilsgeschichtliche Pfingstereignis ist unwiederholbar im Gegensatz zur Pfingsterfahrung der Jünger. Die Geistestaufe als Erfahrung war und ist wiederholbar.

Es ist doch erstaunlich, wie Pfingstereignis und Pfingsterfahrung verwechselt werden. Viele Christen sagen: „Pfingsten ist unwiederholbar und einmalig, deshalb kann es die Erfahrung einer Geistestaufe, Zungenrede und Kraftwirkungen nach Pfingsten nicht mehr geben." Da muß man ihnen die Frage stellen: „Was war denn eigentlich im Hause des Kornelius?" „Ja", sagt man dann, „das war das Pfingsten der Heiden." Also gibt es zwei Pfingsten nach ihrer Meinung! „Und was war denn in Samaria?" „Das war das Pfingsten der Samariter!" Demnach hätte man schon drei Pfingsten. Pfingsten wäre kein einmaliges Ereignis. Wenn man den Unterschied machen würde zwischen dem Pfingstereignis, in seiner Einmaligkeit, und der Pfingsterfahrung der Jünger, dann wäre das Problem gelöst. Nicht

Pfingsten hat sich wiederholt, sondern die Pfingsterfahrung der Jünger. Diese Pfingsterfahrung ist genauso wiederholbar wie die Wiedergeburtserfahrung und der Empfang der Heilsgewißheit. Das ist heute noch möglich, ohne daß deswegen die Einmaligkeit des Pfingstereignisses auch nur irgendwie berührt wird. Bei aller Einmaligkeit des Pfingstereignisses wird die persönliche Erfahrung der Geistestaufe in der Bibel ohne jede Hemmung bezeugt.

In Apostelgeschichte 8, 12—16 wird uns berichtet, daß durch den Dienst des Philippus in Samaria eine Erweckung ausbrach und viele Menschen gläubig wurden, u. a. auch Simon der Zauberer. Sie wurden gläubig und ließen sich taufen. Aber der nächste Satz sagt: ,,Da es aber vor die Apostel in Jerusalem kam, daß Samaria das Wort Gottes angenommen hatte, da sandten sie Petrus und Johannes, daß sie mit ihnen beteten, damit sie den Heiligen Geist empfingen, denn Er war noch auf keinen von ihnen gefallen." Sie waren also gläubig, hatten das Wort angenommen und doch: Eine bestimmte Erfahrung, ,,das Fallen des Geistes auf sie", hatten sie noch nicht gemacht. Diese Erfahrung wurde erst später unter der Handauflegung und dem Gebet von Petrus und Johannes geschenkt.

Ähnlich ist es in Apostelgeschichte 9, 17. Christus begegnet auf dem Wege nach Damaskus dem Saulus von Tarsus. Er erkennt Jesus als den Herrn, erblindet, betet und wartet auf Gottes Wegweisung. Gott sendet einen Boten, der mit ihm beten soll, ,,daß er wieder sehend und mit dem Heiligen Geist erfüllt" würde. Daß es sich hier nicht um die Wiedergeburt handelt, geben alle zu, die sonst immer sagen, die Pfingsterfahrung ist die Wiedergeburt. Paulus hatte ja Jesus durch den Heiligen Geist einen Herrn genannt und sich ganz unter Seinen Willen gestellt. Er war schon ein auserwähltes Werkzeug Gottes und berufen zu dem Dienst unter den Völkern. Was er jetzt empfing war eine Erfüllung mit dem Heiligen Geist.

In Apostelgeschichte 10 haben wir den bekannten Bericht über Kornelius. Wir sehen an dem Verhalten des Petrus, wie schwer es doch ist, sich von Vorurteilen zu lösen. Seine Vorurteile hinderten ihn, ein klares Wort Jesu richtig zu verstehen. Die Worte ,,Gehet hin in alle Welt, predigt aller Kreatur", erfuhren durch seine national-orientierte Frömmigkeit starke Einschränkungen. Petrus weigerte sich zunächst, in das Haus des Kornelius zu gehen. Gott mußte ihn durch ein Gesicht erst willig machen, diesen Weg zu gehen. Heiden gehörten für ihn immer noch nicht zur erlösten Kreatur. Daß Gott auch ,,unreine Heiden" reinigen kann, das war ihm zuviel. Erst nach der göttlichen Belehrung geht er zu ihm und fängt an zu predigen. Während er predigt, fällt der Heilige Geist auf die „Heiden", und sie preisen Gott in neuen Zungen. Die Männer, die mit Petrus gekommen waren, verwunderten sich, daß auch auf die Heiden der Heilige Geist ausgegossen wurde. Petrus sagt: „Sie haben den Heiligen Geist empfangen gleich wie auch wir." Als er später wegen der Heidentaufe angegriffen wird, verteidigt er sich mit den Worten: „Sie haben doch den Heiligen Geist empfangen gleich wie wir am ersten Anfang" (Apostelgeschichte 11, 13—15).

Es gibt heute Christen, die zwischen der Pfingsterfahrung und den späteren, in der Apostelgeschichte berichteten Geisteserfahrungen, grundsätzlich Unterschiede feststellen wollen. Zu Pfingsten wäre ein völlig anderes Zungenreden aufgetreten als an den anderen Stellen des Neuen Testaments. Einige kommen dabei auf vier verschiedene Zungenreden. Das Zungenreden von Pfingsten war einmalig und total anders, als alles spätere Auftreten dieser Gabe. Aber der Apostel Petrus bezeugte über das Geschehen im Hause des Kornelius: Es war „wie bei uns am ersten Anfang". Also, die Verstehbarkeit der Zungenrede war nicht das Kennzeichen für das gleiche Erlebnis, sondern der Empfang einer nicht gelernten Sprache, in welcher sie Gott priesen und lobten.

Für Petrus und seine Begleiter, für diese Augen- und Ohrenzeugen, waren das Ereignis von Pfingsten und das Ereignis im Hause des Kornelius absolut das gleiche. Die Umstände mögen verschieden gewesen sein, aber es war für sie die gleiche Erfahrung.

Apostelgeschichte 19, 5 + 6. Paulus kam nach Ephesus, findet dort einen Kreis von Jüngern und fragt: „Habt ihr den Heiligen Geist empfangen, als ihr gläubig wurdet?" Diese Frage ist für manch einen Christen von heute nicht zu verstehen. Doch Paulus hatte für solch eine Frage sicher Gründe, die gar nicht so schwer zu begreifen sind. Vielleicht hat er vermißt, daß sich Geistesgaben äußerten, daß dort jemand in Zungen betete usw. Es gab etwas, das ihn stutzig machte. Er behauptet nicht gleich: „Ihr habt den Heiligen Geist nicht empfangen"; aber er fragt. Dabei stellt er fest, daß diese Jünger noch nicht wußten, ob der Heilige Geist schon da sei. Nach Belehrung werden sie auf den Namen Jesu getauft und empfangen unter Handauflegung Heiligen Geist, reden in Zungen und prophezeien.

Wir sehen also: die Pfingsterfahrung wiederholte sich und pflanzte sich fort. Kirchengeschichtliche Zeugnisse könnten hier mühelos angefügt werden. Eine fast lückenlose Kette von Zeugen zeigt, daß die Pfingsterfahrung nicht einmalig blieb. Bis ins vierte Jahrhundert erwartete man selbstverständlich, daß Christen nach der Taufe den Heiligen Geist empfingen, in Zungen redeten und prophezeiten. So wird es in den Urkunden berichtet.

Man hat immer behauptet, wir verträten mit der Anschauung, daß ein Unterschied zwischen der Heilserfahrung und dem Kraftempfang in der Geistestaufe besteht, eine neue Lehre. Doch wir haben nur eine alte Lehre wieder neu entdeckt. Ein Blick in die alten, vorreformatorischen Kirchen macht es klar. Ob das die römisch-katholische Kirche ist, die orthodoxe Kirche, die koptische Kirche oder die Kirche der sogenannten „Thomas-Christen" in Indien, oder noch andere alte christliche Gruppen: Alle diese alten Kirchen bezeugen durch ihre Riten oder Sakramente immer zwei unterschiedliche wichtige Geisteserfahrungen. Die Heilserfahrung binden sie alle an die Taufe, die für sie das Sakrament der Wiedergeburt ist. Ohne diese „Wiedergeburt" ist jeder Mensch verloren — deshalb kennen sie die Nottaufe. Sie bezeugen damit, daß die Wiedergeburt *die* Heilserfahrung ist — obwohl sie zu einem Sakrament verfälscht wurde. Alle diese Kirchen kennen noch ein zweites Sakrament: Die Firmung zum Empfang der Kraft des Heiligen Geistes. Die Lehre von der heilsentscheidenden Grunderfahrung und der Erfahrung der Geistestaufe ist also nicht neu. Diese Lehre ist alt und wird durch diese zwei Sakramente als ursprüngliche neutestamentliche Erfahrung wenigstens bezeugt.

Die Pfingsterfahrung, die die Jünger machten, sollte nicht auf damals beschränkt bleiben. Wir lesen in Apostelgeschichte 2, 38 + 39: „Tut Buße und lasse sich ein jeglicher taufen auf den Namen Jesu Christi zur Vergebung eurer Sünden, so werdet ihr empfangen die Gabe des Heiligen Geistes. Denn euer und eurer Kinder ist diese Verheißung und aller, die noch ferne sind, so viele der Herr, unser Gott, herzurufen wird." Das heißt doch: Solange Gott noch ruft, gilt diese Verheißung und soll diese Erfahrung gemacht werden. Für die Christen der ersten Jahrhunderte war sie ganz normal. Diese Erfahrung wurde entweder unter Handauflegung oder beim Hören des Wortes oder im persönlichen Gebet gemacht. Diese obengenannte Verheißung will auch uns Mut machen, uns nach der Kraft aus der Höhe auszustrecken, um so angetan zu werden mit dem Heiligen Geist, für ein besseres Zeugnis und besseren Dienst für den Herrn. Durch diese Erfahrung soll die Liebe zum Herrn wachsen und das Leben Ihm ähnlicher werden.

Das Alte Testament zeigt im Blick auf das Kommen des Heiligen Geistes zwei prophetische Verheißungslinien. Die eine Verheißungslinie redet von dem, was wir Wiedergeburt nennen, das heißt von der Erneuerung des Menschen durch den Geist Gottes, zum Beispiel in: Hesekiel 36, 26 + 27. Da heißt es: ,,Ich will euch ein neues Herz und einen neuen Geist in euch geben und will das steinerne Herz aus euch wegnehmen und euch ein fleischernes Herz geben. Ich will Meinen Geist in euch geben und will solche Leute aus euch machen, die in Meinen Geboten wandeln und Meine Rechte halten und danach tun.'' Auf Grund dieser Schriftstelle hatte Jesus recht, dem Nikodemus einen Vorwurf zu machen, dem die Botschaft von der Wiedergeburt offensichtlich völlig fremd war: ,,Du bist der Lehrer Israels und weißt dieses nicht?!'' Als Lehrer Israels studierte er das Alte Testament und sollte alle Wahrheiten lehren. Das Wunder der Wiedergeburt im Sinne des Neuen Testaments war durch die Propheten deutlich beschrieben. Die neue Heilszeit sollte durch eine neue grundlegende Geisteserfahrung gekennzeichnet werden. Ohne Wiedergeburt bleibt das Reich Gottes verschlossen. Das ist die eine Verheißungslinie.

Was die Jünger zu Pfingsten erlebten, erklären die Apostel aber nicht mit Hesekiel 36, sondern sie nehmen Bezug auf Joel 3: ,,Das ist das, was geschrieben steht im Propheten Joel.'' Das ist die zweite Verheißungslinie. Diese spricht von der Ausgießung des Heiligen Geistes und der damit verbundenen Ausrüstung zu einem bevollmächtigten Zeugnis. Neben der Verheißung der Lebenserneuerung, als Kennzeichen des Neuen Bundes, läuft parallel die Verheißung der Ausrüstung mit der Kraft des Heiligen Geistes und mit Charismen.

Der prophetische Geist, der im Alten Testament auf Einzelpersonen und oftmals auch nur zu bestimmten Anlässen gegeben war, soll jetzt eine Allgemeinerfahrung werden: ,,Eure Söhne und Töchter sollen weissagen, eure Jünglinge sollen Gesichte sehen, eure Ältesten sollen Traumgesichte haben...'' (Joel 3). Die beiden Verheißungslinien laufen nicht gegeneinander. Sie sind wie zwei Seiten einer Medaille: Die Lebenserneuerung ist das grundlegende Heilswerk des Heiligen Geistes, aber die Ausrüstung mit Kraft und Gaben ist ein wichtiges anderes Werk desselben Geistes. Er wirkt nicht nur die Wiedergeburt, Er schenkt uns auch die Geistestaufe und die Geistesgaben.

Die Geistestaufe kann sehr wohl von der Heilserfahrung unterschieden, aber nicht von ihr geschieden werden. Sie ist keine abgekoppelte Erfahrung, sondern sie ist die Folge der Heilserfahrung. Sie kann nur dort erfahren werden, wo man von neuem geboren ist und um Vergebung der Sünden durch das Blut Jesu Christi weiß.

Es geht aber nicht an, daß man einen Heiligungsstand zur Basis für den Empfang der Geistestaufe macht, denn dann wäre sie keine Gnadenerfahrung. Deswegen ist aber auch für uns der Geistgetaufte nie ein Christ höherer Klasse. Die Geistestaufe ist kein Rangabzeichen oder Orden, sondern eine Ausrüstung zum Dienst. Auch der geistgetaufte Charismatiker kann als Mensch unangenehm auffallen. Er bedarf der Korrektur. Auch er muß der Heiligung nachjagen. Die Erfahrung heiligt ihn nicht, sondern drängt ihn zur Heiligung. Wer dem Drängen des Geistes folgt wird erleben, wie die Frucht des Geistes wächst. Für den Stand in Christus sind nicht die Gaben der Prüfstein, sondern die Frucht.

Für unser Heil ist einzig und allein die Tatsache ausschlaggebend, daß Jesus Christus durch den Glauben in unseren Herzen wohnt und Sein Blut uns von unseren Sünden gewaschen hat. Die Gaben und die Kraftwirkungen sind Hilfen zum Bau der Gemeinde. Alle Geisteserfahrungen sind aber Gnadenerfahrungen unter dem Kreuz. Der Apostel Paulus sagt in Galater 3, 13 + 14: ,,Christus aber hat uns erlöst von dem Fluch des Gesetzes, da Er ward ein Fluch für uns . . . auf daß der Segen Abrahams unter die Heiden käme in Jesus Christus und wir den verheißenen Geist empfingen durch den Glauben.'' Hier wird der Zusammenhang Kreuz — Geisteserfahrung dargestellt. Erkenntnis der Gnade macht nicht stolz, sondern demütig und dankbar.

Ich weiß, daß es leider auch unter Pfingstgläubigen einige gibt, die das falsch sehen. Ihre Geisteserfahrungen mißbrauchen sie, um sich selber auf ein höheres Podest zu stellen. Das sind Einzelgänger. Ihre falsche Einstellung ist der Grund, weshalb sie nicht in der Lage sind, sich in einer Gemeinde oder Bruderschaft einzuordnen. Schuld an dieser Haltung ist aber nicht die Erfahrung, sondern der Wandel im Fleisch, das heißt der Mangel an Heiligung.

Die Geistestaufe ist nicht die Gabe der Gotteskindschaft, sondern eine Gabe an Gotteskinder. Es gibt nicht mehr Heil als die Gotteskindschaft, aber es gibt mehr Segnungen und Verheißungen für Gotteskinder als die meisten bis heute erlebt haben. Jesus hat immer noch mehr, und aus Seiner Fülle dürfen wir schöpfen, dürfen davon trinken und dürfen davon weitergeben.

Wir erreichen nicht eine höhere Heils*stufe* mit einer Erfahrung der Geistestaufe, sondern ein tieferes Eindringen in das Heils*erbe,* das Christus uns am Kreuz erworben hat.

Die Verheißung der Geistestaufe ist keine abgegoltene Verheißung. Jesus ist heute noch der, der mit Geist und Feuer tauft. Wir haben keine Hemmungen zu sagen: Wir glauben an Jesus, den Täufer mit Geist und Feuer. Die Geistestaufe ist eine Erfahrung, die auf Grund des Glaubens geschenkt wird. Das Zentrum des Glaubens ist Jesus.

Wenn Sie, lieber Leser, die Erfahrung der Geistestaufe noch nicht gemacht haben, sollten Sie sich durch keine angeblichen theologischen Scheinargumente abhalten lassen, danach zu suchen und darum ernstlich zu bitten. Jesus will auch Sie mit Geist und Feuer taufen und hineinführen in neue, tiefere und noch gewaltigere Erfahrungen mit dem Heiligen Geist.

3. Kapitel

Der Dienst mit Charismen

Paulus ordnet den Dienst der Charismen dem Wohle der Gemeinde unter. Das ist eine wichtige Feststellung. Geistesgaben sind Gaben Gottes zum Dienst an der Gemeinde. Deshalb weist er auf die Grundlage eines gesegneten Dienstes eines Charismatikers hin, auf die AGAPE (Liebe). Davon lesen wir in 1. Korinther 12, 30 bis 13, 3. Paulus zeigt damit den richtigen Weg und die rechte Motivation für den Empfang und Umgang mit Gaben. Durch die Liebe dient der Gebrauch einer Geistesgabe der Erbauung der Gemeinde.

Bei den Gaben geht es nicht um geistliche Statussymbole oder fromme Selbstbestätigung, sondern um die Offenbarung Gottes in der Gemeinde, durch welche die Gemeinde erbaut wird. Der rechte Umgang mit ihnen ist durch die beiden Pole Liebe und Demut gekennzeichnet. Alle Gaben sind eben Charismen, d. h. Gnadengaben.

Der Apostel Paulus hatte in Korinth mit einer verfahrenen Gemeindesituation zu tun. Probleme der Umwelt beeinflußten auch die Gemeinde und konnten leider nicht so schnell überwunden werden. Wir alle kennen dieses alte Problem: Ein Mensch nimmt schneller Jesus als Retter an, als daß er gewisse Vorstellungen und Eigenheiten aus dem alten Leben über Bord zu werfen bereit ist.

Ein Problem hat, wie wir zwischen den Zeilen lesen können, ganz gewiß zu Schwierigkeiten geführt: der korinthische Hochmut. Um diesen zu treffen, betont Paulus zunächst einmal, daß alle Charismen Geschenke der Gnade sind. Gande hat nichts mit der persönlichen Qualität der Menschen zu tun, sondern eher mit der Einsicht in seine Unwürdigkeit und Bedürftigkeit. Charismen sind keine eigenen Leistungen oder Fähigkeiten, deshalb werden sie als *Gaben* betont. Charismen sind Geschenke des ,,Geistes der Gnade". Sie werden im Gebet und durch den Glauben empfangen. Ein solches Beschenktwerden könnte zum Hochmut verleiten. Darum soll hier das Pauluswort zitiert werden: ,,Was hast du, Mensch, das du nicht empfangen hast? Und wenn du es empfangen hast, wie kannst du dich rühmen, als wenn du es nicht empfangen hättest?" Wen der geistlich gesinnte Charismatiker rühmt, ist Gott selber, der in Seiner Treue zu Seinem Wort steht und dem Menschen, der seine Bedürftigkeit erkennt, aus Seiner Fülle gibt. Auch hier gilt: „Dem Demütigen gibt Gott Gnade!"

Das zweite, was Paulus klarmacht, ist: Alle Geistesgaben sind *Dienstgaben*. Alle Charismen sollen in Dienst umgesetzt werden. Das lesen wir auch in 1. Petrus 4, 10: „Dienet einander, ein jeder mit dem Charisma, das er empfangen hat, als die guten Haushalter der mancherlei Gaben (oder Gnaden) Gottes." Jeder Christ soll danach trachten, einen immer größeren Teil zum Dienst der Erbauung beizutragen. Viele Menschen, die einmal von Gott mit Gaben beschenkt wurden, bleiben leider beim Gabenempfang stehen. Bei anderen kennt der Gabendienst keine Entwicklung und Reife. Er wird immer noch in einer unbefriedigenden, anfänglichen Art getan. Diese Charismatiker wachsen nicht. Die Bandbreite ihres Dienstes und die Tiefe nimmt nicht zu. Das wird auf die Dauer dahin führen, daß ihr Dienst mit den Gaben von geistlich reiferen Menschen überhaupt nicht mehr geachtet und geschätzt wird. Sie empfinden dann diesen Gabendienst als wenig hilfreich und sogar überflüssig. Darum gilt es für jeden Charismatiker, geistlich mitzuwachsen, hineinzuwachsen in die ganze Fülle des Heils.

In 1. Korinther 12, 31 fordert der Apostel Paulus auf: „Strebet aber nach den größeren Gnadengaben." Diese „größeren Gnadengaben" sind ganz gewiß nicht die Liebe. Leider wird häufig behauptet, der Apostel Paulus möchte dem Streben nach den Gnadengaben das Streben nach der Liebe (AGAPE) als die erstrebenswerte Alternative gegenüberstellen. Diese Auffassung widerspricht dem Text. Die AGAPE ist ganz gewiß nicht die „größere Gnadengabe". Paulus sagt nämlich nicht: „Strebet nach *der* (Singular!) größten Gnadengabe", sondern er sagt: „Strebet nach *den* (Plural) größeren Gnadengaben." Das macht doch deutlich, daß hier die Liebe nicht gemeint sein kann, sonst müßte Paulus von „der größeren Gnadengabe" reden. Die Gnadengaben (im Plural) sind die verschiedenen Gnadengaben des Geistes, die wir in 1. Korinther 12 aufgezählt finden. Jede andere Auffassung ist eine Textvergewaltigung.

Paulus spricht zu Christen, die schon Charismen des Geistes hatten. Was er möglicherweise als Mangel feststellte, war, daß sie nicht die ganze Bandbreite dieser Charismen erstrebten. Anscheinend war die Gabe der Prophetie wenig vorhanden, die Gabe der Zungen dagegen reichlich. Wahrscheinlich haben auch andere auffällige Gaben wie Krankenheilungen usw. sehr starkes Interesse gefunden. Vielleicht galten gerade diese „Wundergaben" als die größeren, denn es fällt auf, daß Paulus nie ermuntert, gerade diese zu erstreben — im Gegensatz zur Prophetie.

Wie einige Übersetzer und Ausleger meinen, könnte es aber auch so zu verstehen sein, daß die Korinther nach einer besseren Gabenentfaltung streben sollten. Das würde sich mit 1. Timotheus 4, 14 + 15 decken, wo Paulus im Zusammenhang mit dem Charisma des Timotheus sagt, er solle sein Charisma wieder anfachen, mit diesem umgehen, darin leben, damit dienen, so daß die Fortschritte in der Entfaltung des Charismas allen Menschen offenbar werden. Damit wäre ein äußerst wichtiges Anliegen den Korinthern zum Bewußtsein gebracht. Viele waren auf geistlicher Säuglingsstufe stehen geblieben (1. Korinther 3, 1—3) und in ihrem Dienst deshalb wenig konstruktiv.

Nicht von der Hand zu weisen ist aber auch eine dritte Bedeutung dieser Schriftstelle. Paulus schreibt an eine Gemeinde, in der jeder groß sein wollte. Wir merken, wie Paulus durch verschiedene Zusprachen und Ermahnungen gerade diese Fehleinschätzung korrigieren wollte. Das tat er z. B. in dem Bild vom Leib. Bei den Orientalen war das Bild des Leibes ein gerne verwendetes Beispiel. Man hat es z. B. auf die Ordnung im Staatswesen angewandt. Der Kopf war der König oder der Kaiser, danach kamen die Fürsten, die verschiedenen Adligen und Beamten, bis man endlich beim Sklaven anlangte. Das Bild des Leibes und seiner Glieder war immer mit einer Wertvorstellung verbunden: Das, was oben war, galt als wertvoll und edel, und je weiter es nach unten ging, desto minderwertiger und unedler wurde alles. Die Grenzlinie war die Gürtellinie. Was über der Gürtellinie war, das war edel, was darunter war, galt als verächtlich. Der Apostel Paulus bricht aber mit den damaligen Wertvorstellungen und sagt: Jedes Glied ist wertvoll. Der ganze Leib kann nicht Auge oder Ohr sein. Um einen funktionierenden Leib zu haben, gehören alle Glieder dazu. Die Wertschätzung aller Glieder hängt von der Erkenntnis ihrer Notwendigkeit ab. Kein Glied ist überflüssig. Gott hat es so geordnet, daß jedes Glied einen wertvollen Dienst dem Leibe leistet. Der Fuß z. B., das in der heidnischen Wertvorstellung verachtetste Glied, trägt den ganzen Körper und bringt ihn von einem Ort zum anderen. Gerade dieses verachtete Glied ist also notwendig. Es ist ein interessantes Bild, das Paulus in 1. Korinther 12 enthüllt. Dieses Bild, wie er es gebraucht, lehrt uns, keinen frommen Starkult zu betreiben und selber nicht höher von uns zu denken, als sich gebührt. Leider war diese geistlich gesunde Schau in Korinth kaum entwickelt.

Das Problem der Korinther scheint gewesen zu sein, daß sie gewisse „Sensationscharismata" (Heilungen, Krafttaten, Zungenrede) über alle anderen Charismen setzten und ihren Trägern eine Sonderstellung einräumten. Sie meinten: Wer solche Charismen hat, der steht besonders gut. Jeder strebte natürlich danach, auch solche Gaben zu haben. Wieviel Not und Enttäuschung war dann bei denen, die diese Gaben nicht empfingen. Wieviel Gefahr zum Hochmut aber auch bei denen, die damit beschenkt waren. Ob jemand 50 Tote an einem Tag auferwecken kann, bleibt solange bedeutungslos, wie es nicht zur Erbauung der Gemeinde führt. Wenn charismatische Sensationen Massen anziehen und der Gemeinde kein einziges Glied zugetan wird, dann ist mit der Begnadung nicht im Sinne des Gebers umgegangen worden. Das Ziel ist Erbauung der Gemeinde und Verherrlichung Jesu. Nur was diesem dient, hat geistlich gesehen einen Wert. Wenn es den Herrn verherrlicht und die Gemeinde erbaut, dann spielt es keine Rolle, ob das eine Totenauferweckung, eine Krankenheilung, der Dienst der Prophetie, eine Zungenrede oder eine Zungenauslegung ist. Die richtige Einstellung und die richtige Anwendung macht erst den Dienst der Gaben des Geistes wertvoll.

Die große Sensation liegt nicht in einem Charisma, sondern darin, daß Gott uns in Jesus durch das Kreuz erlöst und zu einem Leibe getauft hat. Die unsichtbaren inneren Organe tun in diesem Leib einen wertvollen Dienst im Verborgenen, damit andere Glieder etwas, außen sichtbar, tun können.

Der Grundtext erlaubt eine Übersetzung, die dieser Korrektur bei den Korinthern dient: „Ihr strebt nach den größeren Gnadengaben..." Diese Übersetzungsmöglichkeit soll den Hochmut der Korinther treffen. Nach dieser Übersetzung wäre gerade ihre Beurteilung von „großen" und „kleinen Gaben" das Übel. Wenn man den Textzusammenhang und die ganze Problematik der Gemeinde in Betracht zieht, dann hat diese Übersetzung sogar sehr viel für sich. Sie wäre eine liebevolle und notwendige Zurechtweisung: „Ihr macht einen Fehler: Ihr strebt nach dem, was sensationell ist und vergeßt die unscheinbaren Dinge, z. B. die Prophetie, die Auslegung der Zungen und anderes, was genauso wichtig ist für den Bau der Gemeinde. Ihr trachtet nach den Dingen, die euch großmachen, aber nicht nach denen, die die Gemeinde erbauen und Jesus verherrlichen. Mit den Gaben, die ihr habt, versucht ihr nicht, Gott zu dienen, sondern euch selbst berühmt zu machen." Der Hinweis auf die Liebe, die bei solch einer Einstellung verletzt wird, ist logisch und passend. Der griechische Text läßt sowohl die traditionelle wie die eben erwähnte Übersetzung zu. Nirgendwo wird dem Text Gewalt angetan. Wir sollten beide Übersetzungen als von Gott so gewollt nebeneinander stehen lassen. Nach der altbekannten Übersetzung sagt Paulus den Korinthern: „Strebet jetzt auch nach Gaben, die in weiterem Maße der Gemeinde dienen. Zungenreden erbaut euch selbst, wer aber prophezeit, erbaut die Gemeinde." Größere Gaben wären dann für ihn die, die zur Erbauung der Gemeinde führen, d. h. den Rahmen der Selbsterbauung sprengen.

Die Selbsterbauung des Christen ist natürlich sehr wichtig. Er darf sein geistliches Leben nicht vernachlässigen und zu einer geistlichen Ruine werden. Aber dabei darf er nicht stehenbleiben. Er muß darüber hinaus trachten, der Gemeinde zu dienen. Es darf nicht dahin kommen, daß Gotteskinder sich immer nur um die eigene Achse drehen. Und doch gibt es solche, die im tiefsten Grunde das ganze Glaubensleben über nur mit sich selbst beschäftigt sind. Sie haben immer wieder neu zu bekennen, sie haben immer wieder neu Buße zu tun, sie müssen sich immer wieder neu dem Herrn stellen und sind ständig nur mit sich selbst beschäftigt, so daß sie unfähig sind, ein Segen der Gemeinde und der Welt zu sein. Dieser fromme Egoismus, dieser Ichzirkel, muß durchbrochen werden.

In diesem Zusammenhang ist der Hinweis auf die Liebe ebenfalls sehr passend: Die rechte Liebe — die AGAPE — ist immer du- und ihr-orientiert. „Unser keiner lebt sich selber . . ."

Ein Gottesdienst darf nicht nur unter dem Aspekt gesehen werden: „Bin ich gesegnet worden?", sondern: „Konnten andere durch mich gesegnet werden?" Im Blickpunkt des wahren Geistesmenschen müssen immer der Herr und Seine Gemeinde stehen. Ich denke, daß hier eine Neubesinnung nötig wäre.

Die Überschätzung der „Sensationscharismata" und ihre Gleichsetzung mit „Vollmacht" ist auch heute nicht unbekannt. Wir denken, wenn Menschen große, spektakuläre Wunder sehen, würden sie alle auf ihr Angesicht fallen und bekennen: „Gott ist wahrhaftig in eurer Mitte." Seltsamerweise sagt das Paulus bezüglich dieser Charismata nicht. Er sagt es aber vom Dienst der Prophetie.

Wunder bleiben immer in der Zweideutigkeit und müssen erst gedeutet werden. Wie zweideutig Wunder sind, sehen wir an vielen

„modernen" Erklärungen. Einer spricht von Zufall, der andere von Hypnose und wieder andere suchen nach anderen natürlichen Erklärungen. Wunder führen daher nicht notwendigerweise zur Erkenntnis, daß Gott geredet oder gehandelt hat. Aber wenn durch eine Prophetie das Verborgene des Herzens offenbar wird, muß der Mensch sagen: „Hier spricht jemand zu mir, der mich kennt."

Ich denke so manchesmal an das Wunder auf dem Karmel. Das Feuer fiel. Das ganze Volk schrie: „Der Herr ist Gott!" Zur Bekehrung gekommen ist aber dadurch kaum jemand. Alles blieb beim alten trotz dieses erstaunlichen Wunders. Wird ein Mensch aber von Gott angesprochen und hört Seine Stimme, drängt diese ihn zur Entscheidung. Im letzten sind es nicht immer die sichtbaren Sensationen, die Menschen zur Umkehr bringen — obwohl sie bewirken, daß man anders hinhört —, sondern vielmehr die sensationelle Entdeckung, daß Gott ganz persönlich spricht. Seine Stimme hören und ihr folgen führt zum ewigen Heil. Deshalb sind die Wunder begleitende Zeichen der Verkündigung, aber nicht ihr Inhalt oder ihr Einsatz.

Eines ist klar: Paulus geht es nicht um die Abwertung irgendeiner Gabe, auch nicht der Gabe der Zungen, sondern ihm geht es um die rechte Einordnung. Außerdem geht es ihm für alle Charismatiker darum, daß sie weiterstreben und das Beschenktsein mit einer Gabe nicht als Schlußstrich hinter ihre geistliche Entwicklung verstehen. Kein Christ darf aufhören, sich weiter nach dem Herrn auszustrecken. Jeder Christ soll in Seinem Dienst wachsen und reifen. Eine Gemeinde, die diese Mahnung ernst nimmt, wird in die ganze Fülle der Gaben hineinkommen, und jedes Glied wird gesegnete Handreichungen tun dürfen. Der Geist teilt einem jeglichen seines zu nach dem Er will!

EINE WICHTIGE FRAGE

Nach alledem kommt die Frage auf: „Hat denn ein Eifern nach bestimmten Gaben überhaupt seinen Sinn?" Paulus sagt doch in 1. Korinther 12, 11 + 12: „Er teilt einem jeglichen zu, nachdem Er will." Ich weiß, daß diese dialektische Redeweise des Neuen Testaments schon manch einem Mühe gemacht hat. Denn sowohl in 1. Korinther 12, 31 als auch in 1. Korinther 14, 1 steht das griechische Wort ZELOUTE, das mit „streben", „eifern" oder „sich befleißigen" noch sehr milde übersetzt ist. Es heißt: „Ihr sollt brennend hinter den

Gaben her sein." Wir sollten danach „brennen" oder „kochen", die Gaben durch Glauben zu empfangen.

Die beiden Aussagen „eifert" und „Dies alles wirkt einundderselbe Geist und teilt einem jeglichen seins zu, nachdem Er will" stehen im 1. Korintherbrief ohne Erklärungs- oder Harmonisierungsversuche nebeneinander. Warum? Gnadengaben haben eine Parallele mit der Heilsgnade. Wie ist es mit der Heilsgnade? Sie ist ein unverdientes, freies Geschenk Gottes. Niemand kann sich die Heilsgnade kaufen. Dennoch fordert Gott von uns, daß wir diese Heilsgnade von ganzem Herzen suchen. „Ihr habt nicht, darum, daß ihr nicht bittet", oder: „Wer sucht, der findet." Beides steht nebeneinander: Es ist Gottes Gabe, Gottes Gnade, Gottes Geschenk und doch: Wir müssen es suchen. Er gibt wie Er will. Wer aber nicht sucht und eifert, der empfängt nichts.

Wir müssen uns durch Gottes Wort und den Heiligen Geist groß machen lassen, wie wichtig es ist, daß wir in den Gaben des Geistes keinen Mangel, sondern Überfluß haben. Es geht nicht um uns, sondern darum, daß Gott uns noch besser als bisher zur Erbauung Seiner Gemeinde gebrauchen kann, und wir selbst noch mehr in Ihm wachsen. Unser Herz sollte brennen in dem Wunsch, ein besseres Werkzeug in der Hand Gottes zu sein. Jeder Christ sollte danach trachten, ein besserer Kanal für die Fülle und Kraft des Heiligen Geistes und ein noch brauchbareres Glied am Leibe Christi zu werden, durch das unser Herr sich noch viel mehr und besser als bisher verherrlichen kann.

Wenn wir erkennen, wie wichtig es Jesus ist, daß wir immer mehr und besser für Ihn leben, werden wir auch mit allem Eifer danach streben, mehr von den Gaben des Heiligen Geistes zu empfangen und sie besser gebrauchen zu lernen.

4. Kapitel

Das Wort der Weisheit

„Jedem wird aber die Offenbarung des Geistes zum allgemeinen Nutzen verliehen. So wird dem einen durch den Geist das Wort der Weisheit gegeben, einem anderen das Wort der Erkenntnis nach demselben Geist" (1. Korinther 12, 7 + 8).

Als erste der Gnadengaben des Geistes wird hier das Wort der Weisheit erwähnt. Zwei Dinge werden gesagt:

1. Es ist ein *Wort* der Weisheit
   (LOGOS SOPHIAS).
2. Es ist ein Wort der Weisheit *durch* den Geist
   (DIA TOU PNEUMATOS).

Beide Aussagen sind wichtig zum Verständnis dieser Gnadengabe. Es wird hier nicht von der GABE DER WEISHEIT, sondern von der GABE DES WORTES DER WEISHEIT gesprochen. Der Apostel will damit klarmachen, daß dieses Charisma punktuelle Offenbarung des Geistes der Weisheit gibt. Das bedeutet, daß jemand, der heute im Geist ein Wort der Weisheit von sich gibt, bei einem anderen Anlaß ein hilfloser, vielleicht sogar töricht handelnder Mensch sein kann. Er hat nicht Weisheit oder ist auch nicht ein weiser Mensch, der immer weise ist. Aber unter der Inspiration wird ihm für eine bestimmte Sache eine plötzliche Offenbarung geschenkt. Diese WORTE DER WEISHEIT entspringen nicht seiner Intelligenz, sondern der Inspiration. Sie sind DURCH DEN GEIST gegeben, sie sind Erleuchtung und Inspiration des Geistes. Der „Geist der Weisheit und des Verstandes" wird durch solch ein Wort in der Gemeinde offenbar.

In der Vergangenheit — und wohl auch noch heute — wurde das WORT DER WEISHEIT gleichgesetzt mit Theologie und Bildung. Aber hier wird ausdrücklich gesagt, daß dieses Charisma nicht Produkt eigenen Studiums oder Verstandes ist, sondern durch den Geist gegeben wird.

Zum besseren Verständnis müssen wir einige Fragen beantworten: Was bedeutet Weisheit? Ist Weisheit das gleiche wie Wissen, Studium oder Gebildetsein? Wenn es das wäre, dann wäre vom Wort der Weisheit zum Eingebildetsein nur ein kleiner Schritt. Aber das ist es eben nicht.

Im Alten Testament haben wir zwei Worte, die mit Weisheit übersetzt werden. Das eine ist BINAH und bedeutet soviel wie Einsicht, Verständnis und zeigt, daß Weisheit und Wissen im gewissen Sinne zusammengehören. Dennoch ist Einsicht und Verständnis mehr als bloßes Wissen. Das wird vor allem beim zweiten Wort für Weisheit deutlich, CHAKAM/CHOKMAH. Dieses Wort wird gebraucht für Geschicklichkeit, für einen guten Rat, den man z. B. in einer Krisensituation gibt und auch für die Fähigkeit, rechte Entscheidungen zur rechten Zeit zu fällen.

Diese Weisheit ist Wissen, das ins praktische Leben umgesetzt wird und so dem einzelnen und der Gemeinde dient. Sie hilft allen, sich recht zu verhalten, aus Krisen herauszufinden, Probleme zu lösen und das Ziel zu erreichen. So war der Rat Josephs, den Ertrag der guten Jahren zu speichern, ein Wort der Weisheit, wie auch der Rat Jethros an Mose, einen Teil der Arbeit zu delegieren (1. Mose 41, 33—36; 2. Mose 18, 18—26).

Im Neuen Testament bedeutet geistliche Weisheit (griech. SOPHIA) Lebensweisheit oder Wissen, sich in Situationen recht zu verhalten (Kolosser 4, 5). Diese Weisheit bestimmt Leben und Wandel. SOPHIA bedeutet auch, Wissen richtig anzuwenden. Denn viel Wissen macht noch lange keinen weisen Menschen. Manch einer hat ein ungeheures Wissen und ist doch hilflos und unweise im praktischen Leben. Kennen wir nicht alle den unpraktischen, völlig unbrauchbaren Überstudierten?

Weisheit ist Wissen, wie man in einer bestimmten Lage richtig handelt (Epheser 5, 15; Jakobus 3, 13). Solche Weisheit ist Hilfe in Lebenskrisen (Epheser 3, 10). Weisheit ist die Kunst, richtig zu entscheiden (Kolosser 1, 9). Weisheit ist die Fähigkeit, in einer bestimmten Situation den richtigen Rat zu geben (Kolosser 3, 16). Weisheit hat nach 1. Korinther 6, 5 ebenso mit Urteilsfähigkeit zu tun.

In der Bibel lesen wir viel vom Wert göttlicher bzw. geistlicher Weisheit. Sie wird oftmals gegenüber natürlicher Weisheit abgegrenzt. Diese göttliche Weisheit ist anders als die Weisheit der Welt, die die Griechen erstrebten: Das Wort vom Kreuz war ihnen eine Torheit, den Geistesmenschen aber Gottes Kraft und Weisheit.

1. Korinther 2, 6 + 7 spricht von einer verborgenen Weisheit, die durch den Geist geoffenbart wird. Diese schenkt Einsichten, die menschliche Weisheit nie geben kann. Sie ist „Licht vom göttlichen Licht". Als solche erleuchtet sie Situationen und Wege.

Wo das Neue Testament von erstrebenswerter Weisheit redet, geht es immer um göttliche Weisheit. Nur diese kann helfen, ein göttliches Leben zu führen und Probleme geistlich zu meistern. Menschliche Klugheit bewirkt oft genau das Gegenteil. Menschliche Klugheit setzt oft göttliche Weisheit mit Torheit gleich. Der menschlichen Klugheit ist schon Gottvertrauen eine Torheit, geschweige denn der Glaube an Gottes Wort. Menschliche Klugheit kann kluge Kompromisse vorschlagen, aber dennoch ein Problem doch nicht lösen.

Wahre göttliche Weisheit hilft dem Volke Gottes und dem einzelnen, in den Krisen und auch aus ihnen heraus. Die Frucht dieser Weisheit ist Frieden, allerdings ohne Drangabe der Wahrheit. Man versucht heute, Frieden durch faule Kompromisse möglich zu machen. Ein jeder darf glauben, was er will. Die göttliche Weisheit wirkt ebenfalls Frieden, aber ohne jeden faulen Kompromiß. Wenn ich faulen Kompromiß sage, dann möchte ich damit ausdrücken, daß es auch einen weisen, göttlichen „Kompromiß" gibt. Ein Wort der Weisheit kann auch zwischen extremen Positionen einen gangbaren Weg finden. Nicht alle Kompromisse sind falsch. Gerade im Zusammenleben ist manchmal die Kunst, einen befriedigenden Kompromiß schließen zu können, Hilfe zum Frieden.

Die Quelle der Weisheit ist an ihren Früchten zu erkennen. Weisheit ist auch oft ein Werkzeug der Hölle. Sie zeigt sich in falschem Verhalten und falschen Wertmaßstäben. Von der göttlichen, wie auch von der ungöttlichen Weisheit und ihren Auswirkungen lesen wir in Jakobus 3, 13—18: „Wer ist weise und einsichtsvoll unter euch? Der beweise durch seinen guten Wandel seine Werke in sanftmütiger Weisheit. Wenn ihr aber bittere Eifersucht und Zanksucht in eurem Herzen hegt, so rühmt euch nicht lügnerisch im Widerspruch mit der Wahrheit. Das ist nicht die Weisheit, die von obenher kommt, sondern ist eine irdische, sinnliche, teuflische. Denn wo Eifersucht und Zanksucht herrschen, da gibt's Unfrieden und alle Arten bösen Tuns. Die Weisheit dagegen, die von oben kommt, ist fürs erste lauter, sodann friedfertig, freundlich, nachgiebig, reich an Erbarmen und guten Früchten, frei von Zweifel und Heuchelei. Der Same aber, der die Frucht der Gerechtigkeit hervorbringt, wird in Frieden für die gesät, die Frieden stiften."

Göttliche Weisheit schafft Frieden, ist freundlich, aber gehorsam. Christen wissen, daß zur göttlichen Weisheit auch der Gehorsam gehört. Die rechte göttliche Weisheit lehrt mich, dies zu erkennen.

In Jakobus 1, 5 werden wir aufgefordert, um Weisheit zu bitten: „Wen da Weisheit mangle, der bitte." Ist es demütigend zuzugeben, daß mir Weisheit mangelt? Es steht hier nicht: „Wen da Klugheit mangle..." und auch nicht: „Wen da Schlauheit mangle...", denn man kann das alles haben und doch fehlt Weisheit.

Göttliche Weisheit allein hilft, den Antichristen zu erkennen und trotz aller Verlockungen und Bedrohungen dem Herrn treu zu bleiben. Diese Weisheit ist nicht Produkt des natürlichen Verstandes, sondern eine Erleuchtung von Gott. Sie ist somit ein Geschenk der Abhängigkeit von Gott und der Erkenntnis der eigenen Hilflosigkeit.

Es fällt uns auf, daß Weisheit und Verstand im Neuen Testament unterschieden werden. Der erleuchtete Verstand kann zur Weisheit verhelfen. Aber Verstand ist noch nicht Weisheit. „Hier ist Weisheit! Wer Verstand hat, der überlege die Zahl des Tieres; denn es ist eines Menschen Zahl, und seine Zahl ist sechshundertsechsundsechzig" (Offenbarung 13, 18). „Hier ist der Sinn, zu dem Weisheit gehört. Die sieben Häupter sind sieben Berge, auf welchen das Weib sitzt und sind sieben Könige" (Offenbarung 17, 9). Es ist also ein Verstand nötig, der auch Weisheit hat.

Der Geist Gottes offenbart Seine Weisheit unserem Verstand. Diese Weisheit besteht in göttlicher Hilfe. Sie ist Rat und Führung in kritischen Lagen. Sie kann z. B. die Gedanken des Gegners benutzen, um das Evangelium zu vertreten. Von ihr spricht der Herr, wenn Er sagt: „Wenn sie euch nun überantworten werden, so sorget nicht, wie oder was ihr reden sollt; denn es soll euch zu der Stunde gegeben werden, was ihr reden sollt. Denn ihr seid es nicht, die da reden, sondern eures Vaters Geist ist es, der durch euch redet (Matth. 10, 19 + 20).

DIE WORTE DER WEISHEIT

Jetzt speziell zu dem „Wort der Weisheit durch den Geist". Weil göttliche Weisheit so dringend nötig ist, sind Worte der Weisheit nicht nur nötig, sondern notwendig (Not-wendend!). Die inspirativen Erleuchtungen des Geistes Gottes, die sich in Worten der Weisheit niederschlagen, helfen der Gemeinde oder dem einzelnen. Sie sind nötig für den Gemeindebau wie auch für die praktische Seelsorge.

Ein weiser Rat kann entscheidend helfen und auch delikate Anliegen bewältigen.

Wir haben ein paar biblische Beispiele, wie durch Weisheit, durch Worte der Weisheit, Entscheidendes der Gemeinde geschenkt wurde. In Apostelgeschichte 6, 1—7 lesen wir: „In diesen Tagen entstand bei der Zunahme der Zahl der Jünger laute Unzufriedenheit der Hellenisten gegen die Hebräer, weil ihre Witwen bei der täglichen Verpflegung nicht genügend berücksichtigt würden. So beriefen denn die Zwölf die Gesamtheit der Jünger und sagten: »Es scheint uns nicht das Richtige zu sein, daß wir die Verkündigung des Wortes hintenansetzen, um den Tischdienst zu besorgen. So seht euch nun, ihr Brüder, nach sieben bewährten, mit *Geist und Weisheit* erfüllten Männern aus eurer Mitte um, damit wir sie zu diesem Dienst bestellen; wir selbst aber wollen uns ausschließlich dem Gebet und dem Dienst am Wort widmen.« Dieser Vorschlag fand den Beifall der ganzen Versammlung, und man wählte Stephanus, einen Mann voll Glaubens und Heiligen Geistes, ferner den Philippus, Prochorus, Nikanor, Timon, Parmenas und Nikolaus, einen Judengenossen aus Antiochia. Diese Männer ließ man vor die Apostel hintreten, die für sie beteten und ihnen die Hände auflegten. Das Wort Gottes breitete sich nun immer weiter aus, und die Zahl der Jünger vermehrte sich in Jerusalem stark; sogar eine große Menge von Priestern wurde dem Glauben gehorsam."

Wir sehen die Gemeinde in einer Krise, und wir sehen, wie die Krise durch ein Wort der Weisheit überwunden wurde: „Es scheint uns nicht das Richtige zu sein, daß wir die Verkündigung des Wortes hintenansetzen, um den Tischdienst zu besorgen." Ich weiß nicht, ob wir alle dieses Wort so ganz verstehen. Wer aber schon einmal bei einer materiellen Hilfsaktion als Pastor beteiligt war, wird es verstehen. Man kann versuchen, so gerecht wie nur möglich zu sein und wird doch erleben, wie gerade an diesen materiellen Gütern eine Unruhe ausbricht. Ein Wortverkündiger kann durch diesen Dienst sich die Herzen für seinen Wortdienst verschließen. Es ist große Weisheit, den Dienst der Verkündigung von diesen Belastungen freizuhalten. Der Dienst hat noch genügend Belastungen. Und dann: Dieses Wort der Weisheit empfahl, Männer zu suchen und einzusetzen, die voll Glaubens und voll Heiligen Geistes waren, erfüllt mit Heiligem Geist und Weisheit. Man erkannte, daß diese schwierige Aufgabe der Weisheit bedarf. Die Quelle für solche Weisheit war der Heilige Geist.

Ein zweites Beispiel aus Apostelgeschichte 6, 9 + 10: „Da traten einige Mitglieder der sogenannten Synagoge der Freigelassenen, sowie der Cyrenäer und Alexandriner und der Synagogen der Cilicier und der Provinz Asien auf und führten mit Stephanus Streitgespräche, vermochten jedoch gegen die Weisheit und den Geist, mit dem er redete, nicht aufzukommen." Dieser Stephanus war einer von denen, die im vorherigen Beispiel zum Dienst erwählt wurden. Obwohl er offensichtlich kein Rabbi war, redete er Worte, über die diese Leute staunten. Dasselbe lesen wir an anderer Stelle, wo es heißt, daß sich die Zuhörer verwunderten, weil sie doch wußten, daß sie es mit ungelehrten Leuten und mit Laien zu tun hatten.

Das Wort der Weisheit können wir auch in Apostelgeschichte 15, 6—11 (Apostelkonzil) entdecken. Dieses Wort der Weisheit war hier mit dem Wort der Erkenntnis gepaart. Das Wort der Erkenntnis stellte ein Schriftwort in ein ganz neues Licht, und das Wort der Weisheit zog eine Schlußfolgerung daraus: „Es ist nämlich des Heiligen Geistes und unser Beschluß . . ."

Man könnte manche praktische Beispiele aus dem Leben herausholen, die uns zeigen, wie solche Worte der Weisheit der Gemeinde oder dem einzelnen hilfreich sind. Wenn wir diese Beispiele der ersten Gemeinde sehen, erkennen wir: Sie wurde durch ein Wort der Weisheit vor Spaltung und Selbstzerfleischung bewahrt. Durch Worte der Weisheit konnten sie aber auch ihre „gebildeten" Gegner in die Enge treiben und ihnen sogar zur Bekehrung helfen. Solche Worte hat niemand in der Tasche. Der Ausdruck „Wort" zeigt, mit diesem Charisma bleiben wir von Inspiration abhängig — und damit vom Herrn. Alle solche Worte sind Offenbarungen des Geistes der Weisheit, des Rates und des Verstandes. Es sind Worte, die gegeben werden, damit der einzelne oder die Gemeinde zeugnishaft leben, ihre Einheit bewahren und das Ziel erreichen können.

Wie solche Worte der Weisheit eine persönliche Hilfe in der Zeit einer Verfolgung sein können, läßt sich an dem bekannten Beispiel eines gläubigen Mädchens aus Madagaskar erkennen: Als eine Erweckung auf der Insel ausbrach, reagierte die heidnische Obrigkeit sehr hart. Teilnahme an christlichen Untergrundversammlungen und der Besitz der Bibel wurden schwer bestraft. Unser gläubiges Mädchen ging zu solch einer Versammlung und wurde prompt von Polizisten angehalten: „Wo gehst du hin? Weißt du nicht, daß nur in Ausnahmefällen jemand nach der Sperrstunde außer Hauses sein darf?" Was sollte das arme Mädchen antworten? Lügen wollte sie nicht, aber ihre Brüder und Schwestern verraten auch nicht. Durch einen Impuls des Geistes antwortete sie: ,,Unser ältester Bruder ist gestorben, und wir treffen uns heute abend, um sein Testament zu lesen." ,,Nun, in diesem Fall darfst du gehen", antworteten die Polizisten. Ein Wort der Weisheit hatte ihr in dieser Not geholfen.

Wie nötig ist doch das Gebet des Paulus auch für uns: ,,...daß der Gott unseres Herrn Jesus Christus, der Vater der Herrlichkeit, euch den Geist der Weisheit und der Offenbarung gebe..." (Epheser 1, 17).

5. Kapitel

Das Wort der Erkenntnis

In 1. Korinther 12, 8 lesen wir unter den Offenbarungen des Heiligen Geistes von den „Worten der Erkenntnis". Das griechische Wort ist LOGOS GNOSEOS. Es fällt uns auf, daß hier — im Unterschied zu dem „Wort der Weisheit" — geschrieben steht „... *nach* demselben Geist" = KATA TO AUTO PNEUMA. Das sagt uns etwas Wichtiges. Damit wird nicht nur bezeugt, daß diese Offenbarung durch den Geist gegeben ist, sondern auch darauf hingewiesen, daß sie einer Richtlinie, der „Norm des Geistes" entsprechen muß. Diese griechische Formulierung ist nach dem Zeugnis namhafter Sprachforschungen etwa so zu übersetzen: „nach der Regel" oder „in Übereinstimmung mit der Norm", denn KATA im Akkusativ meint: „dieser Linie entlang" oder „in dieser Richtung". Das bedeutet:

1. Es gibt eine Norm, der entlang dieses Charisma zu laufen hat.
2. Die Worte der Erkenntnis müssen mit dem klaren Zeugnis der Heiligen Schrift, die ja die Norm der Erkenntnis ist, übereinstimmen.

In diesem Zusammenhang soll nicht verschwiegen werden, daß es über das Charisma der Worte der Erkenntnis verschiedene Auffassungen gibt.

Eine neuerdings weit verbreitete Auffassung geht davon aus, daß unter Worten der Erkenntnis bestimmte persönliche Offenbarungen zu verstehen sind. Wer diese Gabe hat, bekommt z. B. Wissen über eine Person, kann sie entlarven oder ihre Krankheiten erkennen, kann Dinge erwähnen, die nicht in Ordnung sind usw.

Die zweite Auffassung geht davon aus, daß Worte der Erkenntnis mit Erkenntnissen über die tiefere Bedeutung der Heiligen Schrift zu tun haben. Dieser Auslegung muß ich mich anschließen.

Ich denke, daß die Auslegung, die Bruder Donald Gee gegeben hat, und die von anderen namhaften Bibellehrern vertreten wird, wiedergibt, was die Bibel hier sagt: Gerade die Formulierung „nach der Richtlinie des Geistes" beweist, daß es ja für den Dienst dieses Charismas eine Richtlinie, eine objektive Norm gibt, der sie entlang laufen muß. Das kann sich nur auf die Heilige Schrift beziehen. Die Offenbarung des Verborgenen im Menschen gehört doch klar zum Gebiet der Prophetie (1. Korinther 14, 25). Das Wort der Erkenntnis dagegen ist eine spezielle Offenbarung des Heiligen Geistes über besondere Schriftstellen. Durch den Heiligen Geist werden plötzlich Schriftstellen lebendig, gewinnen in einer bestimmten Lage eine ganz bestimmte Wichtigkeit.

Durch diese Gabe wird das Wort Gottes für besondere Situationen neu gesehen, ja in prophetischer Vollmacht in diese Situationen hineingeredet und so der Gemeinde entscheidende Hilfe geschenkt. Dieses Licht und besondere Wegweisung durch das Wort Gottes wird die Gemeinde immer wieder nötig haben.

Der Text macht klar, daß es keine „Gabe der Erkenntnis" gibt, etwa so, daß ein Mensch nun alle Erkenntnisse über die ganze Bedeutung der Schrift erhält und zu einer Art „unfehlbarem Papst" wird. Kein Amtsträger oder Charismatiker ist unfehlbar. Nein, hier handelt es sich um die Gabe des „Wortes der Erkenntnis". Der Ausdruck „Wort" weist auf das sporadische Auftreten dieser Offenbarung und auf die Abhängigkeit von der Inspiration hin. Es will sagen, daß uns in der konkreten Situation der Heilige Geist zum rechten Verständnis Seines Willens und Seiner Wahrheit — in Übereinstimmung mit dem Worte Gottes — hilft.

Das tiefere Eindringen in die göttlichen Wahrheiten und stets wachsende Erkenntnis der Heiligen Schrift werden durch eifriges und nicht nachlassendes Lesen und Studieren der Bibel gewonnen. Aber bestimmte Wahrheiten in bestimmten Situationen müssen uns durch den Heiligen Geist verklärt und erleuchtet werden.

Durch dieses Charisma wird etwas von dem Auftrag des Geistes, „in alle Wahrheit" zu leiten, erfahren. Dieses Charisma ist nicht gleichzusetzen mit eigenen klugen Gedanken über das Wort, auch nicht mit Bibelerkenntnis durch Studium, sondern ist ein Erkennen durch eine spezielle Erleuchtung und Offenbarung. Der Heilige Geist, der die Heilige Schrift gegeben hat, ist auch der, der die Heilige Schrift lebendig macht, verborgene Schätze enthüllt und übersehene oder überlesene Zusammenhänge klar macht. Durch Erkenntnisworte erleuchtet Er bestimmte Situationen, gibt Wegweisung, Befestigung und setzt neue Schwerpunkte in Seiner Gemeinde. Durch dieses

Charisma erlebt die Gemeinde in besonderer Weise die Leuchtkraft und Genugsamkeit des Wortes Gottes für Lehre und Leben.

Diese Erkenntnisworte können Licht geben für alle Zeit gültige Wahrheiten, aber auch Hilfe durch das Wort für eine ganz bestimmte Situation. Diese Gabe hilft uns, alte Wahrheiten neu zu hören und zu verstehen. Sie macht aus dem Wort der Heiligen Schrift ein konkretes Reden in eine bestimmte Situation hinein.

Durch diese Gabe wird das Wort Gottes selbst zu einer neuen Offenbarung: Der Begriff ,,Offenbarung'' kommt in der Bibel nicht nur im Sinne einer prophetischen Offenbarung vor, sondern spricht allgemein von Enthüllung der Dinge, die verhüllt sind. Das kann eine Bibelstelle oder eine Bibelwahrheit sein, die bis zu diesem Zeitpunkt nicht recht verstanden oder beachtet wurde.

So erlebte z. B. Luther das Wort: ,,Der Gerechte aber wird aus dem Glauben leben'' als ein neues, gewaltiges Licht. Seine innere Not und die Not der Christenheit fanden hier eine Lösung.

Ähnlich ging es den Vätern der Täuferbewegung. Gegen alle Tradition wurde plötzlich die Wahrheit der biblischen Taufe ,,empfangen''. Nicht anders war es mit dem neu geschenkten Licht über Gemeinde, Geistestaufe und Geistesgaben. Diese Worte der Erkenntnis beeinflußten die ganze Christenheit bis heute.

Hier wurde erlebt, was Jesus so ausdrückt: ,,Ich preise Dich, Vater und Herr Himmels und der Erde, daß Du solches den Weisen und Klugen verborgen hast und hast es den Unmündigen *offenbart*'' (Matthäus 11, 25). Zu Petrus sagt Jesus: ,,Fleisch und Blut haben dir das nicht geoffenbart, sondern Mein Vater im Himmel'' (Matthäus 16, 17).

Neben diesen ,,großen Münzen'' des Wortes der Erkenntnis gibt es aber auch das alltägliche ,,Kleingeld''. Nicht nur die Erkenntnisse großer Wahrheiten, sondern ständiges Licht vom Worte Gottes tut der Gemeinde not. So soll der Herr in der Gemeinde als der durch Sein Wort Redende ständig erlebt werden. Wir brauchen Licht von Seinem Licht.

Alle Charismen müssen dem Nutzen der Gemeinde dienen. Sie sind nicht gegeben, damit jemand stolz wird: ,,Ich habe alle Erkenntnis. Und weil ich alle Erkenntnis habe, brauche ich mir von niemand etwas sagen zu lassen.'' Der Heilige Geist baut und belebt die Gemeinde. Die Stellung zur Gemeinde ist ein Gradmesser für Geistlichkeit. Wir können sicher sein, daß jemand entweder dieses Charisma nicht besitzt oder es mißbraucht, wenn er meint, aufgrund einer bestimmten Erleuchtung mit der Gemeinde nicht mehr in Verbindung stehen zu müssen. Solch ein Mensch hat nicht begriffen, daß alle Charismen daran geprüft werden, ob sie zur Erbauung der Gemeinde dienen.

Während es bei der neutestamentlichen GNOSIS um generelle Wahrheitserkenntnisse geht, handelt es sich bei dem Charisma LOGOS GNOSEOS doch mehr um punktuelle Erleuchtungen durch die Heilige Schrift. So erfahren wir die heilsame Wirksamkeit der Heiligen Schrift: ,,Er sandte Sein Wort und machte sie gesund.'' Neben der Erkenntnis der Wahrheit, die systematisch erarbeitet werden muß — denn das Wort der Erkenntnis erspart nicht das Studium der Bibel —, brauchen wir dieses konkrete Hineinreden Gottes in eine Situation.

,,Worte der Erkenntnis'' können natürlich auch ein Teil der systematischen Lehre werden, nämlich dann, wenn sie eine verhüllte Schriftwahrheit, die für das ganze Volk Gottes wichtig ist, wieder auf den Leuchter stellen. Der Schwerpunkt dieser Gnadengabe liegt aber doch im normalen Gemeindeleben.

Wir haben es vielleicht selbst schon erlebt, daß alles Bibelwissen, das wir durch eifriges Studieren erworben haben, in konkreten Situationen doch nicht ausreicht. Wir brauchen deswegen, weil bestimmte Situationen nur durch das Wort Gottes geheilt werden können, dieses inspirierte und inspirierende Wort der Erkenntnis.

DER SEGEN RECHTER ERKENNTNIS

In Lukas 1, 77 lesen wir: ,,. . . und Erkenntnis des Heils gebest Seinem Volk in Vergebung ihrer Sünden.'' Das Volk Gottes sollte durch den Dienst Johannes des Täufers Erkenntnis Gottes und des Heils bekommen. Erkenntnis ist mehr als Wissen. Es ist Wissen, das etwas auslöst; nicht Theorie, sondern Lebenshilfe. Biblische Erkenntnis ist Wissen, das zur Erfahrung und zum rechten Verhalten führt.

In 1. Korinther 1, 5 wird uns folgendes gesagt: ,,Ihr seid ja in Ihm an allem reich geworden, an allem Wort und aller Erkenntnis.'' In Christus gibt es diesen Reichtum in Wort und Erkenntnis. Es genügt nicht, das Wort zu wissen. Es genügt nicht, nur den Wortlaut der Bibel zu kennen, sondern es muß durch den Geist zu einer lebendigen Konfrontation mit der Wahrheit kommen. Gründliche Information über die Schrift ist sehr wichtig, aber persönliche Konfrontation mit ,,der Wahrheit Gottes'' lebensentscheidend.

DER SEGEN DES WORTES DER ERKENNTNIS

Worte der Erkenntnis helfen zur besseren Erkenntnis der Liebe Gottes, des Wesens und des Willens Gottes, der Lehre der Heiligen Schrift und des ganzen Ratschlusses Gottes. Im besonderen helfen sie, in unserer Zeit konkret Sein Wort treu auszuleben.

Diese Worte der Erkenntnis stellen Situationen in das Licht des Wortes und damit in das Licht Gottes. Sie stehen immer in Übereinstimmung mit dem Offenbarungszeugnis der Heiligen Schrift. Der Auftrag dieser Gabe ist, Gottes Wort zu aktualisieren und es so im speziellen Fall als Gottes Antwort erleben zu lassen. Der göttliche LOGOS (die Schrift Gottes) wird zum RHEMA (dem Reden Gottes). Durch diese Gabe redet man das Wort nicht über die Köpfe hinweg — oder nur in sie hinein —, sondern in die Situation und ins Herz hinein. Jeder Verkündiger des Evangeliums sollte sich diese Gabe erbitten, damit er von der Kanzel nicht nur Informationen gibt, sondern wirklich Konfrontation mit dem lebendigen Gott.

Im Alten Testament finden wir die Worte: ,,Mein Volk geht zugrunde aus Mangel an Erkenntnis'' (Hosea 4, 6). Das gleiche gilt auch für die Gemeinde in unserer Zeit: Durch Mangel an Erkenntnis zerfleischt sie sich. Durch Mangel an Erkenntnis versperrt sie sich gegen neue geistliche Aufbrüche. Durch Mangel an Erkenntnis verschließt sie vielleicht Türen für Menschen, die Gott suchen. Durch Gesetzlichkeit und starres Festhalten an alten menschlichen Formen hat sie die Anziehungskraft verloren. Das Charisma läßt die Dynamik des Wortes Gottes wieder durchbrechen. Das treue Festhalten an den Wahrheiten der Schrift schafft keinen biblizistischen Formalismus, sondern geistliche Erneuerung und Bewegung. Wie schön, wenn Gott durch Erleuchtung plötzlich Sein Wort wieder aktualisiert und damit neue Öffnung und Beweglichkeit schafft. Erstarrung ist nie das Werk des Wortes Gottes. Sein Werk ist Dynamik und Leben. Gottes Wahrheit ist nicht ein logisches System, sondern befreiende Kraft.

Die Gnostiker meinten, daß man Gott und die Wahrheit durch ein logisches System fassen und durch philosophische Definition begreifen könnte. Doch Paulus sagt, daß sie sich damit nur einen Gedankengötzen bauen. Erkenntnis Gottes kann man nur dadurch bekommen, daß Gott selber Sein Licht in uns hineinschickt. Das geschieht nur durch eine persönliche Begegnung mit dem Herrn. Wer Gott nicht persönlich begegnet ist, der mag die ganze klassische

Theologie durchgenommen haben und kennt Gott doch nicht. Er redet wie ein Blinder von der Farbe. Wer Gott begegnet ist, kann Ihn zwar dennoch nicht in Begriffe fassen, aber er erlebt das Ergriffensein — und lebt davon.

Alle Erkenntnis der Wahrheit ist ein Schöpfen aus Christus. Er ist die Wahrheit in Person. Er ist das Wort Gottes in Person: ,,... in welchem verborgen liegen alle Schätze der Weisheit und der Erkenntnis" (Kolosser 2, 3). Das Wort der Erkenntnis ist somit als Handreichung des Christus zu verstehen. Er ist es, der Seiner Gemeinde durch den Geist zu mehr Wahrheitserkenntnis verhilft und der durch Seinen Geist, als Haupt der Gemeinde, auch der Gemeinde aus Krisen heraushelfen möchte.

NEUTESTAMENTLICHE BEISPIELE
FÜR DAS WORT DER ERKENNTNIS

In einer kritischen Situation, als die junge Christenheit vor einer Spaltung stand, kam das Wort der Erkenntnis der Gemeinde zu Hilfe. Es bewahrte sie vor Zerspaltung und half gleichzeitig der Missionsarbeit und der Ausbreitung des Evangeliums. Es ging dabei um die Bedeutung und Verbindlichkeit des göttlichen alttestamentlichen Gesetzes. Wer gab das Recht, dieses göttliche Gesetz als nicht mehr voll verbindlich für die Christen zu erklären? Ein Wort der Erkenntnis gab Licht über die Schrift. Wir lesen davon in Apostelgeschichte 15, 12—21:

,,Da schwieg die ganze Versammlung still und schenkte dem Barnabas und Paulus Gehör, die einen Bericht über alle die Zeichen und Wunder erstatteten, die Gott unter den Heiden durch sie getan hatte. Als sie damit zu Ende waren, nahm Jakobus das Wort zu folgender Ansprache: »Werte Brüder hört mich an! Simon (= Petrus) hat berichtet, wie Gott selbst zuerst darauf bedacht gewesen ist, ein Volk aus den Heiden für Seinen Namen zu gewinnen. Und damit stimmen die Worte der Propheten überein; denn es steht geschrieben: ,,Hierauf will ich umkehren und die zerfallene Hütte Davids wieder aufbauen, ich will ihre Trümmer wieder aufrichten und sie selbst neu erstehen lassen, damit die Menschen, welche übriggeblieben sind, den Herrn suchen, auch alle Heiden, die mir als mein Volk zu eigen gehören", spricht der Herr, der dieses vollbringt, wie es von Ewigkeit her kund geworden ist.

Deshalb bin ich meinerseits der Ansicht, man solle denen, die aus der Heidenwelt sich zu Gott bekehren, keine Lasten aufbürden, sondern ihnen nur die Verpflichtung auferlegen, sich von der Verunreinigung durch die Götzen, von der Unzucht, vom Fleisch erstickter Tiere und vom Blut fernzuhalten. Denn Mose hat seit alten Zeiten in jeder Stadt seine Verkündiger, weil er ja in den Synagogen an jedem Sabbat vorgelesen wird.«"

Das ist ein großartiges Beispiel für die Offenbarung des Wortes der Erkenntnis. Eine alttestamentliche prophetische Schriftstelle wird plötzlich — und hier offensichtlich zum erstenmal — in einem ganz neuen Licht gesehen. Die Verheißung, daß die zerfallene Hütte Davids aufgebaut werden soll, daß die Heiden (= die Nationen) zum Herrn kommen sollen und daß der Name des Herrn über alle Nationen ausgerufen werden soll, wird plötzlich als eine Verheißung Gottes verstanden; daß also die Heiden ohne die Unterwerfung unter das Gesetz zum Volke Gottes kommen sollen. Sie sollen nicht nur als Gäste am Gottesdienst teilnehmen dürfen, sondern als Sein Volk Gott zu eigen gehören. Durch dieses neue Licht aus dem alten Gotteswort endete der ganze Streit. Man erkannte: Das gesetzesfreie Christentum ist nicht Untreue, sondern eine Erfüllung der göttlichen Prophetie.

Dieses Wort der Erkenntnis war gepaart mit einem Wort der Weisheit: „Deshalb bin ich meinerseits der Ansicht, man solle denen, die aus der Heidenwelt sich zu Gott bekehren, keine Lasten aufbürden, sondern ihnen nur die Verpflichtung auferlegen, sich von der Verunreinigung durch die Götzen, von der Unzucht, vom Fleisch erstickter Tiere und vom Blut fernzuhalten." Die ganze Gemeinde erkannte, daß das nicht ein fauler Kompromiß oder ein menschlicher kluger Rat war, sondern eine Offenbarung des Geistes, denn sie sagten (Vers 28): „Es ist nämlich des Heiligen Geistes und unser Beschluß, euch keine weitere Last aufzubürden..."

Oft wird dieses Wort in umgekehrter Reihenfolge zitiert, nämlich: „Es ist unser und des Heiligen Geistes Beschluß", etwa so, als wenn der Heilige Geist unsere Entscheidungen absegnen müßte. Aber es ist genau umgekehrt: „Es ist nämlich des Heiligen Geistes — und darum auch unser — Beschluß..." Wir Christen können nur demütig den durch Wort und Geist gewiesenen Weg gehen.

Wie kam es zu dieser Lösung? Durch das Wort der Erkenntnis wurde die Basis geschaffen. Dadurch wurde die Angst und die Sorge, daß man hier einen falschen und eigenen Weg ginge, von den Gläubigen aus den Juden genommen. Ihnen wurde klar, daß gerade die Treue gegen Gottes Wort solch eine Entscheidung erzwang.

Worte der Erkenntnis bekam die Urgemeinde z. B. auch im Blick auf messianische Weissagungen des Alten Testaments geschenkt. Die ganze Schrift redete für sie plötzlich von Jesus und Seinem Heil. Wie viele alttestamentliche Zitate man doch in den Briefen der Apostel finden kann! Liest man sie oberflächlich, würde man kaum eine Prophetie auf Christus hin finden. Aber dieser neue Gebrauch der Schrift durch die Apostel war so überzeugend, daß viele aus dem Volk — ja selbst Pharisäer, Schriftgelehrte und Priester — durch den Schriftbeweis zur Erkenntnis kamen: Jesus ist der Messias! „Sie wiesen ihnen nach aus den Schriften" ist eine häufige Formulierung. Diese Erkenntnisse hatten sie nicht durch Studium bei einem Rabbi oder in der Synagoge empfangen, sondern durch Erleuchtung des Heiligen Geistes. Die Zuhörer verwunderten sich ja gerade über die Tatsache, daß sie größtenteils ungelehrte Leute und Laien waren.

Stephanus z. B. machte ihnen Gottes Wort klar und stellte das ganze Heilsgeschehen so in das Licht des Wortes, daß es nur zwei Möglichkeiten für sie gab: Sich dem Licht zu beugen und sich ihm zu öffnen oder diese Lampe, die das Licht leuchten ließ, zu zerstören. Sie entschieden sich für das letztere und töteten Stephanus.

Paulus bekam durch Worte der Erkenntnis die Wahrheit über das Abendmahl geoffenbart. Er hat diese Wahrheit direkt vom Herrn empfangen.

In Epheser 3, 1—19 spricht Paulus davon, daß ihm und den anderen Aposteln die Wahrheit über die Gemeinde durch den Geist Gottes geoffenbart wurde. Diese Wahrheit, daß die Heiden Miterben sein sollen und voll zum neuen Heilsvolk (Gemeinde) Gottes gehören, daß Gott der Gott aller Menschen ist, erkannten sie durch spezielle Erleuchtungen.

Sie erlebten geradeso wie wir, daß man durch eine Tradition vorgeprägt sein kann. Durch diese Vorprägung wird es schwer, ein Wort der Bibel richtig einzuordnen und zu verstehen. So hatte z. B. der Herr Jesus dreimal Sein eigenes Leiden, Sterben und Auferstehen prophezeit. Diese Worte entsprachen nicht den Vorstellungen der Jünger und fielen deshalb in Vergessenheit. Schauen wir uns einmal die Jünger nach der Kreuzigung an, wie hoffnungslos sie waren! Alle diese Worte waren irgendwie durch das Sieb ihrer vorgeprägten Tradition hindurchgefallen; sie hatten die Worte gar nicht aufgenommen. Der Grund? Sie waren durch Erziehung in den Synagogen der

Meinung, der kommende Messias wird der große, glorreiche König sein, der den Staat Israel aufrichtet und der von Israel aus die Weltherrschaft antritt. Und nun kam das nicht. Deshalb waren sie so völlig hilflos, als die Worte Jesu sich erfüllten.

Ihre Not können wir an den beiden Emmaus-Jüngern sehen, die zu ihrem unbekannten Weggenossen verzweifelt sagten: ,,Und über dies alles ist der dritte Tag." Jesus ist gestorben, alles scheint verloren. Bemerkenswert ist, daß Jesus ihnen nicht durch Selbstoffenbarung alle ihre Fragen beantwortet hat, sondern daß Er ihnen zuerst aus den Schriften nachwies — aus Mose, den Propheten und den Psalmen —, daß der Christus solches leiden mußte, um in Seine Herrlichkeit einzugehen. Das half ihnen, die alttestamentlichen Stellen in einem neuen Licht zu sehen. Wie nötig ist es doch, die Menschen auf den Boden der Heiligen Schrift zu führen. In Zeiten der Anfechtung ist es wichtig, daß sie Schriftgrund unter den Füßen haben.

DER BRUCHTEILCHARAKTER DIESES CHARISMAS

Diese Gabe gibt nicht alle Erkenntnis, sondern immer nur Worte der Erkenntnis in bestimmten Lagen, so wie es gerade nötig ist. Deshalb wäre es töricht zu meinen, die treue Arbeit der von Gott in die Gemeinde gesetzten Lehrer sei nicht mehr nötig, weil die Gabe des Wortes der Erkenntnis vorhanden ist. Mit einer solchen Ansicht könnte man leicht eine Beute des Verführers werden. Danken wir Gott für treue Bibellehrer und -forscher. Ihr Dienst steht unter einem besonderen Segen Gottes.

Neben der fleißigen Arbeit dieser Lehrer, welche immer neu die Wahrheiten der Heiligen Schrift erarbeiten, haben wir den hilfreichen und inspirativen Dienst des Wortes der Erkenntnis. Alle Erkenntnis, die sich von der Schrift löst, ist Verführung oder Verfälschung. Warnend lesen wir in 1. Timotheus 6, 20: ,,O Timotheus! Bewahre, was dir anvertraut ist, und meide die ungeistlichen, losen Geschwätze und das Gezänke der fälschlich so genannten Erkenntnis."

Diese Gabe des Wortes der Erkenntnis hat einen besonderen Wert für die Gemeinde auch heute. Wir können unser Zeugnis von Christus besser ausrichten, wenn Er uns immer wieder Licht aus Seinem Wort gibt. Dieses Licht wird als Antwort auf gewisse Fragen und Nöte, aber auch als Wegweisung für die Zukunft erlebt.

Wir sollten darum beten, daß dieses Charisma sich mehr in der Gemeinde entfalten kann, damit das Volk Gottes nicht aus Mangel an Erkenntnis leidet.

6. Kapitel

Über den Glauben und die Gabe des Glaubens

,,...einem anderen der Glaube, in demselben Geist" (1. Korinther 12, 9a).

In diesem Wort wird uns ein besonderer Glaube als Auswirkung eines Charismas des Heiligen Geistes gezeigt. Dieser Glaube ist nur im Heiligen Geist, d. h. in einer besonderen Inspiration, möglich.

Die Bibel spricht vom Glauben in verschiedenen Zusammenhängen mit verschiedener Wichtigkeit und Bedeutung.

DER HEILSGLAUBE

Zunächst einmal gibt es den Heilsglauben. Dieser Heilsglauben (oft mit Artikel) ist *der* Glaube schlechthin. Die Bibel fügt dabei oft bestimmt Präpositionen bei, um deutlich zu machen, was der Heilsglaube bedeutet.

Heilsglaube nach der Bibel bedeutet grundsätzlich ,,Anvertrauung". Darum ist er ein Akt der Entscheidung. Glaube bedeutet ebenfalls ,,Vertrauen", damit wird die neue Lebenseinstellung des Christen beschrieben. Glaube bedeutet auch ,,Zutrauen" (d. h. mit jemand rechnen, ihm etwas zutrauen!). Dieser Glaube traut Gott das Ungewöhnliche, ja das Unmögliche, zu.

Darüber hinaus bedeutet Glaube in der Bibel soviel wie ,,Gewißheit" und ,,innere Bestätigung". Derselbe Begriff hat u. a. die Bedeutung von ,,Handschlag" und ,,Gelöbnis". Man machte früher etwas fest, indem man jemand einen Handschlag gab. Damit hatte man etwas gelobt. Somit ist der biblische Glaube kein bloßer Denkakt. Er drückt ein persönliches Verhältnis aus, das wie ein Verlöbnis Gegenwart und Zukunft prägt. Er beinhaltet die persönliche Verpflichtung zu Treue und Gehorsam.

Das griechische Wort, das wir mit „Glaube" übersetzen — PISTIS —, hat auch eine ähnliche Bedeutung wie „Weg". Der Glaube ist ein Weg zum rechten Ziel. PISTIS hat auch die Bedeutung von „Treue". Darum sind sich die Ausleger bei einigen Bibelstellen gar nicht ganz sicher, ob man hier mit „Glaube" oder mit „Treue" übersetzen müßte, z. B. „Der Glaube ist nicht jedermanns Ding". Die meisten neueren Übersetzungen sagen: „Die Treue ist nicht jedermanns Ding" (2. Thessalonicher 3, 2). Damit bekommt auch diese Stelle Sinn und entspricht dem Zusammenhang. Sie will aussagen, daß nicht alle in der Anfechtung treu bleiben.

Einige Bemerkungen sollen uns helfen, das Glaubensleben als solches besser zu verstehen.

a) In Apostelgeschichte 20, 21 lesen wir von PISTIN EIS, was eigentlich „Hineinglauben" heißt: „Und habe bezeugt, den Juden und Griechen die Bekehrung zu Gott und den *Glauben hinein in* unseren Herrn Jesus." Für uns ist diese Formulierung sprachlich unschön, aber sie zeigt, was wahrer Heilsglaube ist. Das Heil kommt nicht durch Glauben *an* Jesus Christus (d. h. an Seine Existenz), sondern durch den Glauben, der *in* Jesus Christus und Sein Heil hineinbringt. Es scheint nur ein Wortspiel zu sein, und doch ist es sehr wichtig.

Das Erlebnis eines christlichen Geschäftsmannes kann es verdeutlichen. Er hörte einmal eine Predigt, in der der Prediger sagte: „Du mußt dich in Christus hineinglauben. Nur an Ihn glauben, genügt nicht. Wer nur an Ihn glaubt, ist draußen und ist verloren. Nur wer sich durch den Glauben in Christus hineinbegibt, ist gerettet. Noah war nicht an der Arche, sondern in ihr gerettet." Das hat den Geschäftsmann fasziniert. Gleich am nächsten Morgen hat er im Fahrstuhl dem Liftboy ein Zeugnis über diese Wahrheit abgelegt. Dieser ärgerte sich und sagte: „Welche nutzlose theologische Spitzfindigkeit. Ich habe auch meinen Glauben. Was heißt hier „an" oder „in", das alles ist doch bedeutungslos!" Am Abend kam dieser Geschäftsmann wieder zum Fahrstuhl. Noch tat derselbe Liftboy Dienst. Er öffnete die Tür und lud den Geschäftsmann höflich ein, in den Fahrstuhl einzutreten. Der ging aber nicht hinein, sondern blieb draußen stehen. Der Liftboy fragte ganz verwundert: „Wollen sie nicht kommen?" „Doch, doch", antwortete der Geschäftsmann, „ich glaube an den Fahrstuhl, an seine Qualität und auch daran, daß er mich nach oben bringt." „Na bitte, dann kommen sie doch rein!" „Nein", rief der Geschäftsmann, „ich glaube an ihn, das ist doch genug, um nach oben zu kommen." Zornig sagte der Liftboy: „Ja, wenn sie nur daran glauben, daß sie der Fahrstuhl nach oben bringt und sie steigen nicht ein, dann stehen sie totsicher noch morgen früh an dieser Stelle!" Jetzt stieg der Geschäftsmann ein. Mit diesem eben erlebten Hintergrund legte er erneut Zeugnis ab. Er fand offene Ohren für die Wahrheit, daß es darauf ankommt, nicht nur *an,* sondern *in* Christus zu glauben. Er machte dem Liftboy klar, daß man in die Erlösung hineingehen muß. Dann erst ist man gerettet. Das hat der Fahrstuhlführer verstanden. Ihm wurde klar: Das ist nicht nur ein Wortspiel! Der Glaube, der zum Heil führt, ist Glaube in Christus hinein.

Die große Not unserer sogenannten Christenheit ist, daß ca. 90 % ihrer Anhänger irgendwie an Christus glauben, aber sie sind nicht in Christus. Sie stehen draußen. Sie glauben irgendwie an die Erlösung, aber sie sind nicht in der Erlösung.

b) Der Heilsglaube wird auch PISTEOS EN genannt, was „glaube *in* . . ." heißt. Es ist Glaube, der sich in einer Sache befindet oder sich in einer Sache offenbart, der irgendwo zu Hause ist, der in einer Sache drinsteht. Wir lesen dazu Römer 3, 25: „Den hat Gott für den *Glauben in Seinem Blut* als Sühnopfer hingestellt, damit Gott Seine Gerechtigkeit erweise. Denn Er hat die Sünden vergangener Zeiten getragen in göttlicher Geduld." Es heißt hier „durch den Glauben in Seinem Blut", d. h. dieser Glaube lebt in einem bestimmten Lebenselement (Blut oder Geist). Weil er in diesem Element bleibt, bleibt er lebendiger Heilsglaube. Christsein heißt „in diesem Heil leben" und „in Christo sein". Wie der Fisch dauernd im Wasser lebt, so lebt der Christ dauernd „im Blute, im Geist, in Christo".

c) Der Heilsglaube wird auch durch eine andere Präposition deutlich gemacht. Das Neue Testament spricht von ihm auch als *„Glaube auf* . . ." — PISTEOS EPI. Dieser Glaube baut auf etwas auf. Wir können sagen: Er ist ein Glaube mit Fundament. Er ist Antwort auf Gottes Anruf. Er folgt der Umkehr. Diesen Glauben können wir nicht anerziehen oder übernehmen. Nur der Glaube, der auf dem rettenden Fundament steht, errettet.

d) Wieder eine andere Präposition zeigt einen anderen Akzent des Heilsglaubens: PISTIS PROS, d. h. *„Glaube zu* . . .", ist dann die Formulierung im Grundtext. Der rettende Glaube ist ein zielorientierter Glaube. Er stellte das ganze Leben unter das Endziel. Davon lesen wir in 1. Thessalonicher 1, 8: ,,Denn von euch aus ist erschollen das Wort des Herrn nicht allein in Mazedonien und Achaja, sondern an allen Orten ist euer Glaube *zu Gott hin* bekannt geworden, so daß uns nicht not ist, etwas zu sagen." Der Heilsglaube geht auf ein Ziel zu, und das Ziel ist ,,zu Gott". Durch den Glauben sollen Menschen zu Gott kommen. Glaube, der nicht zu Gott führt, ist wertlos. Durch den rechtfertigenden Glauben soll ja die Trennung von Gott überwunden werden. So lesen wir in Hebräer 11, 6: ,,Denn wer zu Gott kommen will, der muß glauben...", und es wird uns gesagt, daß es ohne Glauben unmöglich ist, Gott zu gefallen. Wer sagt, er habe auch den rechten Glauben, muß sich die Frage gefallen lassen: ,,Lebst du in Gemeinschaft mit Gott durch den Glauben?"

Der Heilsglaube hat also diese verschiedenen Akzente. Manchmal wäre es gut, wenn in einer evangelistischen Bibelarbeit den orientierungslosen Menschen gezeigt würde, was Heilsglaube eigentlich bedeutet.

GLAUBE ALS FRUCHT DES GEISTES

Neben dem Heilsglauben in seinen verschiedenen Akzenten spricht das Neue Testament von dem Glauben als Frucht des Geistes: ,,Die Frucht aber des Geistes ist Liebe, Freude, Friede, Geduld, Freundlichkeit, Gütigkeit, *Glaube*, Sanftmut, Keuschheit" (Galater 5, 22). Dieser Glaube, von dem hier geredet wird, ist ein vertrauender, ein sich Gott verbunden wissender Glaube. Der Heilsaneignung als entscheidendem Glaubensschritt folgt nun die Gemeinschaft mit Gott durch den Geist. In dieser Gemeinschaft wächst stetig das Vertrauen, und es kommt zu immer tieferer Treue. Dieser Teil der Geistesfrucht soll bei jedem Christen wachsen.

GLAUBE ALS GLAUBENSLEHRE

Unter Glauben wird in der Bibel auch die *Glaubenslehre* verstanden. Wir lesen in Judas 3: ,,Ihr Lieben, da es mir sehr am Herzen lag, euch zu schreiben von unser aller Heil, hielt ich's für nötig, euch in meinem Briefe zu ermahnen, daß ihr *für den Glauben kämpfet,* der ein für allemal den Heiligen übergeben ist." Wenn jetzt hier von dem „ein für allemal den Heiligen übergebenen Glauben" geredet wird, ist es offensichtlich, daß hier die Glaubenslehre gemeint ist. Später setzt Judas den Glauben in Gegensatz zur Irrlehre. Ebenso meint Paulus in Römer 12, 7 auch die Glaubenslehre, wenn er sagt: „Hat jemand Weissagung, so sei sie dem Glauben gemäß." Gläubige sollen für die Wahrheiten der Bibel kämpfen. Gleichzeitig müssen sie aber wissen: Die rechte Glaubenslehre macht noch lange nicht den Heilsglauben. Die Wahrheit müssen wir kennen — aber auch das Leben haben!

SINNLOSER GLAUBE

Die Bibel spricht auch von einem Glauben, der im tiefsten Grunde vollkommen sinnlos ist, weil er nichts bewirkt. Laßt uns dazu Johannes 8, 30 in Verbindung mit Vers 44 lesen: „Da Er solches redete, glaubten viele an Ihn." Zu diesen „Gläubigen" mußte Jesus über rechte Jüngerschaft reden und endlich sagen: „Ihr habt den Teufel zum Vater, und nach eures Vaters Gelüste wollt ihr tun. Der ist ein Mörder von Anfang und steht nicht in der Wahrheit; denn die Wahrheit ist nicht in ihm. Wenn er die Lüge redet, so redet er von seinem Eignen; denn er ist ein Lügner und der Vater der Lüge."

Das ist eine merkwürdige Stelle. Viele wurden an Jesus gläubig. Und nun ist interessant, was Jesus gerade denen, die an Ihn gläubig wurden, sagt: „Wenn euch der Sohn frei macht, so seid ihr recht frei" (Vers 36). Bei der darauf folgenden Diskussion fällt die Maske: Sie werden zornig und möchten Jesus am liebsten umbringen. Jesus muß ihnen sagen: (Obwohl ihr an mich gläubig geworden seid . . .) „Euer Vater ist der Teufel, und nach eures Vaters Gelüste wollt ihr tun!" Da kommt uns unwillkürlich die Frage: „Gibt es denn so etwas?" Offensichtlich gibt es das. Der Glaube dieser Leute war nicht mehr als ein Fürwahrhalten. Die Bibel spricht vom „toten Glauben". Nicht alles Fürwahrhalten und Anerkennen des Heilandes ist schon lebendiger Glaube. Nicht jeder Glaube macht aus Sündern Gotteskinder. Verändernder Glaube folgt der Buße.

DER GLAUBE ALS CHARISMA DES GEISTES

Nach diesem kurzen Überblick kommen wir zum letzten, nämlich dem Glauben als ein Charisma, als einer Offenbarung des Heiligen Geistes. Von diesem Glauben sagt der Apostel Paulus, daß es ein Glaube „in demselben Geist" ist: HETERO TE PISTIS EN TO AUTO PNEUMATI — „dem anderen Glaube, in demselben Geist".

Dieser Glaube ist nicht mit dem Heilsglauben identisch, auch nicht mit dem Fruchtglauben, obwohl beides die Basis auch dieses Charismas ist. Doch die Auswirkung dieses Glaubens ist anders. Er soll der Erbauung der Gemeinde dienen und den Glauben der Gemeindeglieder fördern. Wenn der Apostel hier von der Gabe des Glaubens spricht, denkt er etwa an den Glauben, der „Berge versetzen" kann. Dieses Charisma nannten die alten Kirchenväter FIDES MIRACULOSA, den *wunderwirkenden Glauben.* Dieser Glaube ist ein kühner, zeichensetzender Glaube. Durch solchen Glauben geschehen wunderbare Erfahrungen, die Gott ehren und der Gemeinde zum Aufbau dienen. Durch diesen Glauben werden Taten getan, die zu Zeichen der Realität Gottes in dieser Welt werden, und die wiederum helfen, Glauben zu wecken.

Er wird „in dem Geist" gegeben. Es ist dann so, daß eigentlich nicht der Mensch glaubt, sondern der Geist des Glaubens in ihm. Dieser Glaube, der in ihm geglaubt wird, überglaubt allen seinen Kleinglauben, seine Angst und seine natürlichen Zweifel.

Alles, was als Charismen des Geistes gegeben wird, ist zum Nutzen und zur Erbauung der Gemeinde. Der Nutzen besteht darin, daß durch ein Charisma Aufbauendes und Schöpferisches geschieht. Nutzen ist nicht eine Gabe an sich, sondern nur das, was konstruktiv durch die Gabe geschieht. Dies macht der Begriff „Auferbauung" — griechisch OIKODOME — deutlich. „Erbauen" bzw. „Auferbauen" kommt im Griechischen von „Hausbauen" her. Die Wirkung eines jeden Charismas des Geistes muß also der Aufbau der Gemeinde und ihrer Glieder sein. Niemals darf ein Charisma zum Schaden der Gemeinde Jesu angewandt werden.

Die Gnadengabe des Glaubens schenkt dem Menschen ein unerschütterliches Vertrauen und Rechnen mit Gott, wenn er „im Geiste" ist. Diese Gabe bezeugt die Tatsache der Allgegenwart des allmächtigen Herrn. Der Charismatiker wird im Geist in eine durchschlagende Kühnheit versetzt. Durch diese Gabe soll die Wirklichkeit des Zugangs zu Gott noch wirklicher werden. Das Resultat ist: Der Glaube aller wird gestärkt.

Wir kennen aus unserem eigenen Leben die Hilfe des Zeugnisses einer großen Glaubenstat. Durch den Glauben glaubensstarker Menschen wurde uns ein Zeichen gesetzt. An diesen Glaubenszeugnissen konnte sich unser Glaube stärken und emporranken. Solche Glaubenszeichen kann man mit den Pfählen in einem Weinberg vergleichen. Die Weinreben, die sonst am Boden liegen würden, ranken sich an solch einem Pfahl empor und bewahren ihre Frucht vor dem Verderben. So brauchen auch wir solche ,,Pfähle'', an denen sich unser Glaube emporranken kann, um gute Frucht zu bringen. Wir alle brauchen solche Handreichung durch zeichensetzenden Glauben.

Das Buch ,,Niemals enttäuscht'' von Georg Müller ebenso wie das Buch ,,Realitäten'' von Basilea Schlink haben bei mir etwas ausgelöst: Ich habe wieder ganz neu angefangen, mit Gott zu rechnen. An den Beispielen der Glaubensauswirkungen hat mein Glaube sich emporranken können. Von ihnen wurde mein Glaube inspiriert und ermutigt.

Das Charisma des Glaubens muß dem Nutzen der Gemeinde dienen. Das bedeutet: Niemand, der diese Gabe hat, darf sich von der Gemeinde lösen. Wie kann er mit seiner Gabe zum Nutzen der Gemeinde werden, wenn ein Charismatiker mit dieser Gabe sich von der Gemeinde löst und ein eigenes Glaubenswerk aufzieht? Charismatiker sind nicht gegen Hochmut oder Fehlverhalten gefeit. Männer des Glaubens stehen in der Gefahr, andere Christen abzuqualifizieren: ,,Die haben ja keinen Glauben!'' Sehr leicht messen sie andere Christen an ihren Glaubenserfahrungen. Dabei vergessen sie, daß ihr Glaube im Geist (Inspiration) eine Gnadengabe ist.

Andere Brüder müssen anders handeln. Rechtes ,,Kosten überschlagen'' und Beraten ist ebenso geistlich wie das Handeln aufgrund eines Charismas. Charismatiker müssen der Versuchung widerstehen, ,,Kosten überschlagen'' als fehlenden Glauben abzuqualifizieren. Der Ausspruch ,,Die anderen haben keinen Glauben'' ist falsch. Sie haben vielleicht nicht das Charisma des Glaubens, aber sie wirken im Glauben auf einer anderen Ebene. Niemand darf sich wegen seines Charismas überheben. Jeder muß sein Charisma in die Gemeinde einbringen. Er darf nie vergessen, daß auch er die Handreichung anderer Charismen nötig hat.

IM GEISTE!

Dieses Charisma des Glaubens ist Glauben EN PNEUMATI, d. h. im Geiste wirksam. Es ist der Geist des Glaubens, der im Menschen und durch ihn hindurch glaubt. Der Mensch „wird geglaubt". Dieser Glaube ist kein natürlicher Optimismus oder Leichtfertigkeit. Oft wird das nicht unterschieden. Menschen, die vor ihrer Bekehrung schon einen natürlichen Optimismus hatten, wurden als solche, die die Gabe des Glaubens hätten, angesehen. In Wirklichkeit waren sie nur unreife geistliche Babys. Durch ihren Leichtsinn brachten sie Gemeinden und Christen in Probleme. Wenn barmherzige Christen ihnen aus den Problemen halfen, sahen sie darin noch eine Bestätigung ihres Weges.

Die Worte EN PNEUMATI besagen, daß dieser Glaube wirksam wird durch eine Inspiration. Dieser Glaube ist von jeweiligen Impulsen und Inspirationen abhängig. Das Neue Testament spricht vom „im Geist werden" als einer speziellen Inspirationserfahrung.

Die Gabe des Glaubens ist eine Handreichung des Heiligen Geistes. Dieser Glaube ist dazu da, Jesu Werke in dieser Welt zu tun, nicht eigene Wünsche zu erfüllen.

Christen, die mit dieser Gabe begnadet worden sind, sind oft von Natur aus sehr zaghafte, zweifelnde Menschen. Wenn wir z. B. Hudson Taylor, der dieses Charisma hatte, betrachten, stellen wir fest, daß er außerhalb der Inspirationen ein sehr verzagter Mann war. Seine Verzagtheit war bekannt. Am Ende seines Lebens konnte er einmal nicht mehr froh an sein Heil glauben. Man mußte ihm aufhelfen. Gott wollte damit zeigen: Dieser Mann trug einen Schatz in irdenen Gefäßen. Nach seiner Natur wäre er ein großer „Bremser" geworden. Aber wenn der Geist Gottes über ihn kam und diese Gabe sich manifestierte, konnte er kühne Schritte unternehmen. Denkt einmal an die China-Inland-Mission, die als ein reines Glaubenswerk aufgebaut wurde.

Durch diese Gabe hat niemand eine Art „geistlichen Optimismus", das heißt eine konstante Fähigkeit, alles im Glauben zu nehmen. Kein Mensch hat allen Glauben, auch nicht durch das Charisma des Heiligen Geistes. Niemand darf höher von sich halten, als sich gebührt und wie ihm das Maß des Glaubens zugeteilt ist. Dieses Wort sagt eindeutig, daß nicht jeder Mensch über das gleiche Maß des Glaubens verfügt. Das macht bescheiden und von Gott abhängig.

Die Bibel zeigt uns beide Dinge: den wachsenden Glauben, der immer größer wird, ebenso aber auch das Charisma des Glaubens.

Weil Paulus einmal sagt: ,,... und hätte allen Glauben", schließen einige daraus, daß ein Mensch allen Glauben haben kann. Paulus spricht hier von all dem zu einer Tat nötigen Glauben, griechisch PASAN TEN PISTIN. Das bedeutet: Durch Inspiration kann vermittels der Gabe des Glaubens all der nötige Glaube aktiviert werden. Das nächstemal, ohne eine Inspiration, kann derselbe Charismatiker bei einem kleineren Problem hilflos und schwach sein.

Dazu Beispiele der Bibel: Da ist auf der einen Seite das gewaltige Wunder der Einnahme Jerichos und auf der anderen Seite die Niederlage und Flucht vor dem kleinen Städtchen Ai. Da ist das Wunder, wie Gott Sein Volk mit Manna, Fleisch und Wasser durch Mose versorgte und dann derselbe Mose, der hilflos und verzweifelt vor Gottes Angesicht liegt. Er schreit so zu Gott, als wenn er noch nie Gottes Hilfe erlebt hätte. Selbst Mose konnte Glauben nicht selbst produzieren. Er brauchte von Fall zu Fall neue Inspiration.

Diese Gabe des Glaubens ist in unserer glaubenslosen und glaubensmatten Zeit so nötig, aber auch der rechte geistliche Gebrauch. Der Geist des Glaubens inspiriert zu Glaubenstaten und hilft so, die Gemeinde und die Gläubigen zu erbauen.

Das Maß des Glaubens kann wachsen. Gottes Geist kann den Glauben der Gotteskinder anspornen. Sie sollen lernen, immer die Zeltpflöcke des Glaubens weiterzuspannen. Mit dem Glauben ist es ähnlich wie bei einer Petroleumlampe. Man kann den brennenden Docht sehr klein schrauben. Das gibt dann eine kleine, schwache Flamme, bei der die Gefahr besteht, daß sie ausgeht. Wenn man weiter aufdreht, wird das Licht heller bis zu einem bestimmten Punkt. Dreht man dann weiter, fängt die Lampe an zu qualmen und das Licht wird dunkler, die Luft unerträglich. Wir dürfen unseren Glauben nicht auf der kleinen Sparflamme lassen, auf der ,,Nummer Sicher", aber auch nicht im Hochmut überdrehen. Die Zeichen des Charismas des Glaubens sind beim ,,Aufdrehen" hilfreich. Der Hinweis auf ,,... Glauben in demselben Geist..." bewahrt davor, uns selbst zu überschätzen. Selbstgemachte ,,Glaubenskühnheit" fängt an zu stinken. Wer das eigene Ich in den Vordergrund schiebt oder die eigenen Wünsche, verwechselt leicht Glaube mit Anmaßung.

Das Charisma will — und soll — der Erbauung der Gemeinde dienen. Der Glaube dieses Charismas ist ein Glaube, den Gott in Menschen wirkt (Apostelgeschichte 3, 16). Gerade ihre kühnen Glaubenstaten werden eine Herausforderung für den Glauben der Gemeindeglieder. Diese Gabe des Glaubens ist eine Gnadengabe des Heiligen Geistes. Das Werk des Heiligen Geistes ist, Christus zu verklären. Deswegen ist es töricht, Männer und Frauen, die diese Gabe haben, zu bewundern. Auch dieses Charisma muß unter der Herrschaft der göttlichen Liebe stehen. Ohne diese Liebe wäre dem Charismatiker seine Gabe nichts nütze.

Gerade in unserer heutigen so glaubenslosen Zeit ist es sehr wichtig, daß der Heilige Geist noch mehr geistgetaufte Gotteskinder gebrauchen kann, um durch sie die Gabe des Glaubens zu betätigen. Gott könnte in unserer Zeit mehr tun, wenn wir uns Ihm zur Verfügung stellten. Der Apostel Paulus fordert uns auf, nach Gaben zu streben. Diese Ermutigung der Bibel sollten wir uns auch im Blick auf die Gabe des Glaubens zu Herzen nehmen.

7. Kapitel

Die Gaben der Krankenheilungen und Wege zur Heilung durch den Glauben

„... einem anderen aber Gnadengaben der Heilungen in dem einen Geist" (1. Korinther 12, 9).

Weil es mehrere Wege zur göttlichen Heilung gibt, wollen wir uns mit allen beschäftigen — auch mit den „Gaben der Heilungen", die wir zuerst behandeln.

Zunächst müssen wir feststellen, daß in diesem Text in 1. Korinther 12, 9 sowohl „Gnadengaben" als auch „Heilungen" im Plural stehen — griechisch CHARISMATA IAMATON. Die Verwendung der Mehrzahl illustriert eine bestimmte Tatsache. Dazu einleitend zwei wichtige Feststellungen:

1. Die Formulierung „Gandengaben der Heilungen" macht klar, daß die weitverbreitete Vorstellung, daß jemand die Gabe der Heilung hat, falsch ist. Eine „Gabe der Heilung" in diesem Sinne gibt es nämlich nicht, aber es gibt „Gnadengaben der Heilungen". Was das bedeutet, soll später dargelegt werden.
2. Ebenso geht aus dem Text hervor, daß die heute oft zu hörende Meinung, jeder Christ habe die Gaben der Heilungen, nicht stimmt, denn es wird ausdrücklich gesagt: „... einem *anderen* wird gegeben...".

Der Apostel stellt also diese zwei wichtigen Wahrheiten fest: Es haben nicht alle diese eine Gabe und Gotteskinder sind deswegen nicht geringer, wenn sie diese Gabe nicht haben.

Es gibt verschiedene Aufgaben am Leibe Christi wahrzunehmen, deshalb gibt es auch verschiedene Gnadengaben. Keiner ist mehr, weil er eine bestimmte Gabe hat, und keiner ist weniger, weil er eine andere Gabe nicht hat. Diese Tatsache müssen wir uns heute wieder vor Augen halten, weil in unserer Zeit Menschen, die mit bestimmten, besonders auffälligen Gnadengaben ausgerüstet sind, schnell als größer als andere eingestuft werden. Oft sind es einfältige Gotteskinder, die sie bewundern und sagen: „Das ist ein großer Gottesmann, denn der hat Gnadengaben der Heilungen." In ihren Augen sind die anderen bestenfalls nur „Gottesmännchen", weil ihnen diese Charismen fehlen.

Dem Neuen Testament ist eine solche Wertung völlig fremd. Es spricht von „großer Gnade". Die ersten Christen sahen „die Gnade, die gegeben wurde". Mit solchen Formulierungen ist keine Aufwertung und keine Abwertung eines Menschen verbunden. Es wird einfach die sichtbar gewordene Größe Gottes gerühmt. Gnadengaben sind keine Rangabzeichen der Christen, sondern Zeichen der Größe der Liebe Gottes und der wirklichen Nähe Seines Reiches.

Bevor wir über Krankenheilungen sprechen, sollten wir uns zunächst über die verschiedenen Krankheitsarten nach dem Neuen Testament informieren. Der griechische Grundtext gebraucht für unser Wort „Krankheit" verschiedene Ausdrücke:

Da ist zunächst das Wort NOSOS oder NOSEMA. Nach unserem heutigen Verständnis beziehen sich diese Ausdrücke auf Krankheiten, die auf einen Erreger (z. B. Bakterien) zurückzuführen sind. Dieses Wort würde damit dem am nächsten kommen, was wir gewöhnlich unter „Krankheit" verstehen. Dieser Ausdruck kommt an vielen Stellen des Neuen Testaments vor, z. B. in Matthäus 4, 23 + 24, Johannes 5, 4 usw.

Ein anderer Ausdruck ist MALAKIA. Er bedeutet soviel wie „Gebrechlichkeit". Er weist auf Siechtum und altersbedingte Krankheiten hin. Dieses Wort finden wir u. a. in Matthäus 4, 23; Matthäus 9, 35.

Häufig wird auch der Begriff ASTHENEIA im Alten Testament gebraucht. Er bedeutet „Schwäche", „Kraftlosigkeit". Aufgrund dieses Wortes sprechen die Mediziner auch heute von einem „Astheniker". Gemeint wird damit jemand, der zart, schwach oder auffällig mager ist. Das Wort ASTHENEIA finden wir z. B. in Lukas 13, 11 + 12; Johannes 5, 5.

Besondere Beachtung verdient das Wort KAMNOO. Es bedeutet soviel wie „ohne Lust zu sein" oder „seelisch ermattet sein". Damit wird bezeichnet, was wir heute „psychische Störungen", „seelische Krankheiten" oder „Depressionen" nennen würden. Das Neue Testament nimmt seelische Krankheiten als *Krankheiten* ernst. Das war revolutionär. In der damaligen Umwelt wurden seelische Krankheiten entweder als Besessenheit oder als Einbildung und Faulheit oder als Mangel an gutem Willen hingestellt. Es hieß dann oft: „Dem fehlt nur die Peitsche!" Die Besonderheit des Neuen Testaments ist das Ernstnehmen des ganzen Menschen. Deshalb werden auch die seelischen Leiden als Krankheiten ernstgenommen. Der Dienst der Heilung gilt auch den seelischen Leiden.

Wenn wir daran denken, daß die Welt noch fast 2000 Jahre länger brauchte, um seelische Leiden als Krankheiten zu entdecken und sich Gedanken über ihre Heilung zu machen, wird uns die Heilsbotschaft der Bibel noch kostbarer. Der Gott der Liebe weiß, daß es tatsächlich einen seelischen Zustand geben kann, der das Leben unerträglich macht und jede Lust zum Leben nimmt. Der Heilungsdienst der Gemeindeältesten soll auch den seelisch kranken Menschen dienen. Deshalb kommt dieses Wort KAMNO auch in Jakobus 5, 15 vor.

Wir stellen bei der weiteren Betrachtung von Jakobus 5 fest, daß für den Apostel eine Heilung erst dann im Vollsinn des Wortes Heilung ist, wenn Seele und Leib geheilt sind. Die Funktionsfähigkeit eines Organes oder Gliedes ist noch keine biblische Gesundheit. Jeder Mensch muß auch Freude am Dasein haben. Ein Mensch, der noch körperlich krank bleibt, aber Freude am Dasein gewinnt, lebt im Vollsinn des Wortes, während ein körperlich Gesunder u. U. nur noch vegetiert. Die Erlösung reicht bis in die tiefsten Abgründe der Seele.

Obwohl die Botschaft von der Heilung zur Verkündigung des Heils gehört, möchte ich ganz klar sagen: Heilung ist nicht das Heil! Es gibt eine Überbetonung der Heilung, die nicht nur eine Akzentverschiebung, sondern eine Grundsatzwertverschiebung ist.

Das Evangelium darf nicht zu einer Art Menschheitsbeglückungsreligion degradiert werden, bei der nicht mehr Christus der Mittelpunkt ist, sondern der Mensch. In ihr muß alles nur dem irdischen Wohl des Menschen dienen. Statt wirklicher Erlösung triumphiert religiöser Materialismus und ungeistliche Diesseitigkeit. Gewiß, im Heil ist das Wohl des Menschen auch eingeschlossen, aber Wohl ist noch lange nicht Heil. Wohlstand ist außerhalb des Heilsstandes möglich. Wir müssen hier die Akzente richtig setzen: Das Heil ist Jesus und Sein Kreuz. Die Heilungen sind Folgen des Kreuzes und Zeichen für die volle Erlösung.

In der bekannten Schriftstelle Jesaja 53, 4—9 lesen wir: „Fürwahr, Er trug unsere Krankheit und lud auf sich unsere Schmerzen. Wir aber hielten Ihn für den, der geplagt und von Gott geschlagen und gemartert wäre. Aber Er ist um unserer Missetat willen verwundet und um unserer Sünde willen zerschlagen. Die Strafe liegt auf Ihm, auf daß wir Frieden hätten, und durch Seine Wunden sind wir geheilt." Der Schwerpunkt ist hier klar: Frieden, Vergebung der Sünden! Damit verbunden fährt der Prophet fort: ,,Durch Seine Striemen ist uns Heilung geworden." Die Heilung liegt sehr nahe beim Heil, aber sie ist nicht das Heil. Das Heil muß das Zentrum bleiben.

Gesundheit ist ein hohes, aber nicht das höchste Gut. Denken wir nur an die Worte Jesu: ,,Es ist dir besser, daß du einäugig zum Leben eingehst, als daß du zwei Augen habest und werdest in das höllische Feuer geworfen" (Matthäus 18, 9). Für manche heute ist das unverständlich, dennoch gilt immer: ,,Trachtet am ersten nach dem Reich Gottes..." Dieses Ziel darf nie verrückt werden. Die volle Erlösung schließt Erlösung von Sünde — dem Grundübel der Menschen —, Heilung von Krankheit und Beseitigung des Todes ein. Der Tod ist der Sünde Sold, folglich ist in der Erlösung von der Sünde der Sieg über den Tod eingeschlossen. Christen sind vom Tode, aber deswegen noch nicht vom Sterben erlöst. Sie leben im ,,schon jetzt" und im ,,dennoch nicht". Deshalb werden trotz Gebet nicht alle Kranken geheilt. Heilungen sind Zeichen der vollbrachten Erlösung. Aber diese ist für die Erdenzeit noch keine vollendete Erlösung: ,,... auch wir selbst, die wir des Geistes Erstlingsgabe haben, sehnen uns auch bei uns selbst nach der Kindschaft und warten auf die (Vollendung der) Erlösung unseres Leibes" (Römer 8, 23).

WARUM KRANKHEIT?

Wer göttliche Heilungen erwartet, muß sich über den geistlichen Hintergrund der Krankheiten klar werden.

Krankheit und Sünde: Manche haben im Neuen Testament gelesen, daß ein Zusammenhang zwischen Krankheit und Sünde besteht. Daraus haben sie leider die gefährliche Schlußfolgerung gezogen, daß in jedem Falle zwischen Kranksein und persönlicher Versündigung eine Verbindung bestehen muß. Bei solcher Schau kann es soweit kommen, daß man beim Krankenbesuch den Kranken fast inquisitorisch erpressen und zu einem Sündenbekenntnis zwingen will. Abgesehen davon, daß hier seelsorgerlich falsch gehandelt wird, wird auch eine mangelhafte Bibelkenntnis sichtbar. Gewiß, die Bibel zeigt klar, daß Krankheit, Tod und Übel mit der Sünde zu tun haben, aber sie denkt dabei zuerst an die Folgen des Sündenfalles Adams. Die Ursache der Krankheit ist immer die Sünde, aber nicht unbedingt persönliche Versündigung. Es werden ja z. B. auch Menschen schon krank geboren, Kleinkinder werden krank, und selbst vorbildliche Christen erkranken. Wir leben auch als Christen in der Solidarität mit einer gefallenen Welt. Dieser kreatürlichen Solidarität sind wir also nicht entnommen. Die erste und grundlegende Ursache von Krankheiten ist der Sündenfall Adams, der die ganze Schöpfung durchdringt.

Dann muß aber auch gesagt werden, daß natürlich die Möglichkeit einer persönlichen Versündigung besteht, wie uns Jakobus 5, 15 zeigt: ,,Und wenn er Sünden getan hat, wird ihm vergeben werden.'' Jeder Christ wird in seiner Krankheit den Herrn suchen und dabei kann er über seine eigenen Sünden stolpern. Aber die Bibel macht deutlich, daß ein Zusammenhang zwischen Versündigung und Krankheit ein ,,Kann-Fall'' ist. (,,Und wenn er . . .''), aber nie ein ,,Muß-Fall''.

Als weitere geistliche Ursache für das Kranksein müssen wir auch die unwürdige Teilnahme am heiligen Abendmahl erwähnen. Sie wird oft gar nicht als eine Versündigung angesehen. Aber der Apostel Paulus sagt in 1. Korinther 11, 29 + 30 sehr scharf: ,,. . . der isset und trinket sich selber zum Gericht. Darum sind auch viele Schwache und Kranke unter euch, und ein gut Teil sind entschlafen.'' Das Abendmahl ist eben nicht nur eine Zeremonie, sondern eine Begegnung mit der göttlichen Realität, mit dem Heil und mit dem Heiligen. Für den unwürdigen Teilnehmer kann das zur Folge haben, daß er krank wird. Der Textzusammenhang macht deutlich, daß diese Unwürdigkeit im gemeinschaftsschädigenden Verhalten gegen Brüder und Schwestern bestand. Abendmahl ist u. a. Feier der Einheit der Gemeinde als Leib Christi.

Und dann ist noch als geistliche Ursache das Geheimnis Gottes zu erwähnen, wie wir es an Hiob sehen. Er selbst hatte Gottes Zeugnis als rechter Gottesknecht. Dennoch ließ Gott durch Satan seine Treue und Hingabe prüfen. Nicht auf alle Fragen finden wir schon hier eine Antwort.

GABEN DER HEILUNGEN

Das Neue Testament kennt mehrere Wege zur göttlichen Heilung. Einer davon ist Heilung durch „Gnadengaben der Heilungen" (1. Korinther 12, 9).

Wenn wir die Berichte der Bibel sorgfältig lesen, wird uns auffallen, daß diese „Gaben der Heilungen" nicht in erster Linie für Gotteskinder sind. Sie sind begleitende Zeichen der Evangeliumsverkündigung. Als solche sind sie in erster Linie dazu bestimmt, Ungläubige durch Heilungen auf Christus und das Erlösungswerk aufmerksam zu machen. Diese Gaben sind unter einem evangelistischen Aspekt gegeben. Sie sind „mitfolgende" Zeichen der Evangeliumsbotschaft. Heilungen werden durch diese Gaben auch ohne den persönlichen Glauben des Kranken geschenkt. Dies unterscheidet die Gaben der Krankenheilungen von anderen Wegen zur Heilung.

Sehr häufig wird von Predigern behauptet, sie hätten die Gaben der Heilungen. Doch beobachtet man ihren Dienst, muß man sagen: „Das stimmt nicht!" Sie erwarten nämlich immer vom Kranken den nötigen Glauben. Wird er nicht geheilt, hat es an seinem Glauben gemangelt. Glaubensheilung ist zwar eine biblische Wahrheit, aber sie ist nicht das Kennzeichen der Gaben der Heilungen.

Für die Gaben der Heilungen finden wir im Neuen Testament ein klassisches Beispiel: Die Geschichte des Lahmen an der Schönen Pforte des Tempels (Apostelgeschichte 3, 1—26). Petrus und Johannes gehen zum Gottesdienst und sehen einen Mann, der auf sich selbst aufmerksam macht, indem er um Geldgaben bittet. Petrus sagt zu ihm: „Silber und Gold habe ich nicht. Was ich aber habe, das gebe ich dir: Im Namen Jesu Christi von Nazareth stehe auf und wandle!" Hat dieser Mann Heilung erwartet und die volle Erlösung geglaubt? Gewiß nicht, denn es steht ausdrücklich geschrieben: „. . . wie sie wollten zum Tempel hineingehen, bat er um ein Almosen." Dennoch wurde er geheilt. Die Gaben der Heilungen sind unabhängig vom Glauben des Kranken, wenn auch nicht unabhängig vom Glauben des Charismatikers. Es lohnt sich, einmal auf diesem Hintergrund die erklärende Predigt des Petrus zu lesen.

Warum wird von „Gaben der Heilungen" in der Mehrzahl gesprochen (1. Korinther 12, 9)? Die Mehrzahlform hat folgende Bedeutung: Dieser Dienst wird von Fall zu Fall neu gegeben. Man hat nicht eine Gabe der Heilung, die man jederzeit aktivieren kann, etwa wie die Gabe des Redens in neuen Zungen, sondern sie wird von Fall zu Fall dem vom Herrn begnadeten Charismatiker gegeben. Petrus sagt: „Und der Glaube, der durch Ihn (in uns) gewirkt ist, hat diesem die Gesundheit gegeben vor euer aller Augen" (Apostelgeschichte 3, 16). Offensichtlich wurde der Glaube und der Impuls erst im Moment der Begegnung gewirkt.

Hier hat mir das Zeugnis von Smith-Wigglesworth sehr geholfen. Er war einer, der diese Gaben hatte. Er berichtet, daß er jedesmal, wenn er mit einer dieser Gaben handeln sollte, durch Inspiration einen ganz bestimmten Impuls bekam. Aufgrund dieses Impulses hat er dann gehandelt. Dann konnte er auch sagen: „Im Namen Jesu, steh auf und wandle!" Er hat dann nicht mit den Kranken gebetet, sondern ihnen in der Vollmacht des Namens Jesu die Heilung zugerufen. Sie sprangen auf und waren geheilt. Wenn er aber diesen Impuls nicht hatte, dann tat er den Dienst der segnenden Fürbitte. Auch da sind Heilungen geschehen. Er aber wußte, daß das ein ganz anderer Dienst war.

Es ist z. B. nicht möglich, daß jemand, der Charismen der Heilungen hat, etwa in ein Krankenhaus gehen und sämtlichen Kranken sagen kann: „Steht auf, geht hinaus, ihr seid gesund." Nein, der Mensch, der diese Gaben hat, bleibt stets von der jeweiligen Inspiration des Heiligen Geistes abhängig. Im tiefsten Grunde ist es so, daß jeweils neu die Heilung mit dem bevollmächtigenden Auftrag gegeben wird. Darum der doppelte Plural.

PERSÖNLICHER GLAUBE

Der zweite Weg zur Heilung ist der persönliche Glaube. Er wirkt das, was wir Glaubensheilung nennen. In Matthäus 9, 22 und vielen anderen Stellen finden wir den Ausspruch (nach dem Grundtext): „Dein Glaube hat dich gerettet" (= „geheilt").

Im Dienste Jesu traten verschiedene Wege zur Heilung auf. Im einen Fall empfing der persönliche Glaube die Heilung, im anderen geschah sie ohne persönlichen Glauben des Kranken durch reines Vollmachtshandeln Jesu. Dann war es aber auch Jesu Fürbitte und wieder in einem andern Fall eine Handlung, durch die Jesus Heilung geschehen ließ. In dieser Mannigfaltigkeit nahm aber die Heilung durch den persönlichen Glauben des Kranken eine auffällig hervorragende Stellung ein. Das erleben wir auch heute: Gotteskinder halten sich zum Beispiel an Jesaja 53. Das Wort wird ihrem Glauben durch den Geist zu einem persönlichen Zuspruch. Sie stellen sich im Glauben auf dieses Wort und erfahren Heilung. Manchmal glauben sie gegen allen gegenteiligen Schein und werden endlich geheilt. Dies kann man gewiß nicht mechanisch tun, sondern nur, wenn ein Schriftwort durch den Geist so lebendig wird, daß Glaube daran erwächst. Völliges Vertrauen auf Sein Wort ehrt Gott.

Nicht immer erleben die Glaubenden das, was sie glauben, in dieser Weltzeit. Ich habe einmal gesagt: „Wenn ich einmal krank sein sollte, will ich glauben, daß der Herr mich heilt, auch wenn ich in diesem Glauben sterbe. Es ist mir lieber, im Glauben an die Macht des Herrn zu sterben, als Ihn durch Unglauben zu verunehren." Oftmals wird eine solche Haltung zum Argument gegen den Glauben. Wenn jemand, der so seinen Glauben bekannte, doch stirbt, sagt man: „Das war falsch." Der Hebräerbrief zeigt uns da etwas ganz anderes. Wir lesen dort von Abraham, Isaak und Jakob. Ausdrücklich wird gesagt: „Diese alle sind gestorben im Glauben und haben das Verheißene nicht erlangt..." (Hebräer 11, 13). Sie haben bis zum letzten Atemzug geglaubt. Tadelt die Schrift solchen Glauben? Im Gegenteil: „Darum schämt sich Gott ihrer nicht, ihr Gott zu heißen..." (Vers 16). Häufig lesen wir, daß Gott — wenn er sich im Alten Bund persönlich vorstellt — sagt: „Ich bin der Gott Abrahams, Isaaks und Jakobs." Diese Männer haben Gott geglaubt und Ihn so geehrt. Das Geglaubte kam dann später doch zur Erfüllung. Gottes Zusagen reichen in andere Dimensionen — ja bis in die Ewigkeit.

Der Glaube ist nicht in jedem Falle abhängig von der Erfahrung einer Sache in dieser Zeit. Das Evangelium des Herrn ist ein ewiges Evangelium. Das dürfen wir nicht außer acht lassen. Die Heilung kommt, und die Heilung ist da, auch wenn sie manchmal erst auf der anderen Seite geschieht, wo „kein Leid, kein Geschrei und keine Tränen" sind. Wesentlich ist, daß wir Glauben behalten. Gottes Wort erfüllt sich immer, wenn auch nicht immer sichtbar in unserer Zeit.

„Ich schreibe euch, ihr Jünglinge, ihr seid stark, denn das Wort Gottes bleibt dauernd in euch wohnen" (1. Johannes 2, 14). Was bedeutet das? Es bedeutet, daß wir erst dann stark sind, wenn das Wort bei uns wohnen bleibt trotz scheinbar negativer Erfahrungen. Auch dann, wenn alles anders kommt als erwartet. Ein Mensch ist schwach, ist ein „Glaubenskrüppel", wenn sein Glaube nur erfahrungsorientiert ist. Das gilt auch bei der Heilung. Da sagt mancher: „Ich bete mit keinem mehr für Heilung. Ich habe für jemand gebetet, der hat geglaubt und ist doch gestorben!" Das ist eine falsche

Haltung. Das Wort Gottes ist wahr. Wir können nicht alle Wege Gottes erklären und das Handeln Gottes verstehen. Dennoch halten wir fest an dem Wort. Es bleibt dauernd in uns wohnen. Solch ein Glaube macht uns stark.

Wenn jemand trotz Glauben unter deinen Händen gestorben ist, und du beim nächsten Krankheitsfall trotzdem so betest, als ob er geheilt worden wäre, dann ist das Wort Gottes in dir wohnen geblieben. Du bist stark. Und in dieser Stärke kannst du das nächstemal einen Sieg haben.

Gottvertrauen ist nicht, Ihm etwas vorschreiben. Christen vertrauen Gott, daß Er alles recht machte, selbst wenn es anders kam als erwartet. Glauben heißt Vertrauen, heißt Vergangenheit, Gegenwart, Zukunft, Leben und Tod an den Herrn abgeben.

Der persönliche Glaube, der im Vertrauen an Gottes Wort festhält, erlebt oft wunderbare Heilungen. Möge dieser Glaube durch Wort und Geist wachsen und so erfahren: Es lohnt sich, dem Herrn völlig zu vertrauen. Er ist ,,der Herr, der dich heilt''.

FÜRBITTE

Der dritte Weg zur Heilung ist die Fürbitte. Dazu gehört die allgemeine Fürbitte im Gottesdienst und die persönliche Fürbitte. Auf solche Fürbitte hin kann Gott große Dinge tun. Es gibt zwar kein allmächtiges Gebet. Aber Gott, der Allmächtige, antwortet gerne auf Fürbitte: ,,Des Gerechten Gebet vermag viel in seiner Wirkung'' (Jakobus 5, 16). Es vermag viel: Wissen wir, was das bedeutet? Selbst beim Nichtgeheilten geschieht viel durch Fürbitte. Oft habe ich erlebt, daß ein solcher Mensch plötzlich Sterbefreudigkeit bekam. Eine Person, die sich sonst krampfhaft an das Leben gehalten hat, bekommt plötzlich eine Freudigkeit hinüberzugehen: Auch das ist ein Zeugnis der Gnade Gottes. Die Heilung des Leibes war zwar nicht geschehen, aber die Seele wurde gesund.

Es dürfte eigentlich kein Gottesdienst vorbeigehen, in dem wir nicht für unsere Kranken beten. Ich könnte ein Buch voll herrlicher Erfahrungen schreiben, die aufgrund der Fürbitte der Gläubigen eintraten.

Durch Fürbitte wird sichtbar, daß alle Glieder mitleiden, wenn ein Glied leidet. Wir stellen uns in der Fürbitte sozusagen mit unter die Krankheit.

Ich erlebte einmal folgendes: Durch ihre Freundin war ein junges Mädchen zu unserer Gemeinde gekommen. Sie war Goldschmiedin. In ihrem dritten Lebensjahr war sie taub geworden und hatte dadurch im Laufe der Zeit auch die Fähigkeit des Sprechens fast völlig verloren. Zu der Zeit hielten wir es in unserer Gemeinde so, daß wir an jedem Abendmahlssonntag in der Abendversammlung einen öffentlichen Heilungsgottesdienst hatten. Da konnte jeder mit seiner Not kommen und wir haben mit ihm gebetet.

Zu so einem Gottesdienst kam auch das taube Mädchen. Zwei unserer Ältesten und ich beteten längere Zeit mit ihr. Doch nichts geschah, obwohl wir von ganzem Herzen zu Gott riefen. Ich fragte mich plötzlich: ,,Warum geschieht nichts?" In dem Moment wird es wie ein innerer Auftrag: ,,Schau dich doch einmal um!" Als ich mich umschaute, sah ich, daß die anderen Geschwister, die auf ihren Stühlen saßen, uns zuschauten, wie wir beteten, oder sich im Saal umblickten. Für sie war das Ganze eine interessante Sache, und sie warteten jetzt auf etwas. Bei Ungläubigen hätte man noch für möglich gehalten, daß sie sich umschauten und sich interessierten, was vorne geschieht, aber hier waren es ja Gläubige.

In dem Moment hat mir der Herr klargemacht: ,,Sieh einmal, in solch einer Atmosphäre kann Ich nichts tun. Die Schuld, daß hier nichts geschieht, liegt nicht in der Person, liegt auch nicht bei euch, sondern einfach an der ganzen Grundeinstellung der Gemeinde. Viele halten sich hier nur für Zuschauer, die selbst nicht beteiligt sind!"

Ich habe dann den Anwesenden ein paar Fragen gestellt. Einen Bruder fragte ich: ,,Hättest du so gebetet, wenn es deine Tochter gewesen wäre?" Er hatte eine kranke Tochter, die auch geheilt wurde. Sie hatte Epilepsie. Dann habe ich eine Schwester gefragt: ,,Hättest du so gebetet, wenn es dein Kind gewesen wäre?" Und nun fing ein Weinen an. Es blieb kein Auge trocken. Ich sagte: ,,Wir schließen jetzt die Versammlung und kommen morgen abend wieder zusammen, aber mit einer anderen Motivation."

Am nächsten Abend hatten wir noch keine zwei Minuten gebetet, da wurden die Ohren des Mädchens geöffnet. Sie konnte hören.

Durch Fürbitte erreichen wir viel mehr, als wir oft glauben. Aber nur dann, wenn wir mit ganzem Herzen dabei sind und uns mit unter die Not des anderen stellen.

ABENDMAHLSFEIER

Nun möchte ich noch auf einen wenig beachteten Weg aufmerksam machen: Wenn unwürdige Teilnahme am Abendmahl krank machen kann, kann durch rechte gläubige Teilnahme auch Heilung geschehen. Diese Wahrheit habe ich oft erlebt. Das Abendmahl ist also nicht nur eine Zeremonie, sondern gläubige Begegnung mit dem Gekreuzigten. ,,Solches tut zu Meinem Gedächtnis.'' Das Kreuz ist die Quelle der Heilung.

,,HAUSAPOTHEKE DER GEMEINDE''
(= Ältestendienste)

Wir kommen nun zu dem Punkt, den ich gern ,,die Hausapotheke der Gemeinde'' nenne. Das ist nach Jakobus 5, 13—18 der *Ältestendienst:* ,,Ist jemand krank unter euch, der rufe die Ältesten der Gemeinde zu sich. Sie sollen über ihm beten und ihn mit Öl einreiben im Namen des Herrn. Und das Gebet des Glaubens wird den Kranken retten, und der Herr wird ihn aufrichten. Und so er Sünden getan hat, so werden sie ihm vergeben sein. So bekennet einander eure Vergehungen und betet füreinander, daß ihr gesund werdet.''

Gläubige sollten sich nicht umschauen, wo jemand ist, der die Gaben der Heilungen hat, sondern sich an ihre Ältesten wenden. Diese dürfen sie rufen. Die Ältesten sollen mit ihnen beten, und der Herr tut Wunder. Deshalb steht hier nicht: ,,Der rufe zu sich die Ältesten, die die Gaben der Heilungen haben...'', sondern: ,,Der rufe zu sich die Ältesten der Gemeinde.'' Die neutestamentliche Gemeinde ist auch eine heilende Gemeinde.

Hilfreich könnte es sein, diesen Text im breiteren Rahmen des Textzusammenhanges zu lesen:

,,Nehmt, Brüder, zum Vorbild des Leidens und Ausharrens die Propheten, die im Namen des Herrn geredet haben. Siehe, wir preisen die glückselig, die ausgeharrt haben. Vom Ausharren Hiobs habt ihr gehört, und das Ende des Herrn habt ihr gesehen, daß der Herr voll innigen Mitgefühls und barmherzig ist.

Vor allem aber, meine Brüder, schwört nicht, weder bei dem Himmel noch bei der Erde, noch mit irgend einem anderen Eid. Es sei aber euer Ja ein Ja und euer Nein ein Nein, damit ihr nicht unter ein Gericht fallt. Leidet jemand unter euch, der bete. Ist jemand guten Muts, er singe Psalmen. Ist jemand krank unter euch, er rufe die Ältesten der Gemeinde zu sich. Sie mögen über ihm beten und ihn mit Öl salben im Namen des Herrn. Und das Gebet des Glaubens wird den Kranken retten. Der Herr wird ihn aufrichten und wenn er Sünde begangen hat, wird ihm vergeben werden. Bekennet nun einander die Vergehungen und betet füreinander, damit ihr geheilt werdet. Viel vermag eines Gerechten Gebet in seiner Wirkung. Elia war ein Mensch mit gleichen Gemütsbewegungen wie wir. Und er betete ein Gebet, daß es nicht regnen möge. Und es regnete nicht auf der Erde drei Jahre und sechs Monate. Und wieder betete er, und der Himmel gab Regen, und die Erde brachte ihre Frucht hervor" (Jakobus 5, 10—18).

Die erste Wahrheit, die auffällt, ist, daß der Apostel das Krankengebet mit dem Hinweis auf die Propheten und ihr Ausharren einleitet (Vers 11). Wir haben leider als Christen oft falsche Vorstellungen von ,,Geduld". Im Grundtext steht hier ,,Ausharren". Unter Geduld verstehen wir im tiefsten Grund eine fatalistische Haltung: Man muß alles über sich ergehen lassen, man muß eben alles hinnehmen. Das ist eine Einstellung, die zum Islam gehört und auch als Schicksalsglaube bekannt ist, aber nicht zum Neuen Testament.

Der Text macht uns klar, welche Art von Geduld wir haben sollen. Er macht uns das Ausharren der Propheten, die im Namen des Herrn geredet haben, zum Vorbild. Siehe wir preisen selig, die erduldet haben. Von der Geduld Hiobs habt ihr gehört und habt gesehen, wie es der Herr hinausgeführt hat.

Nun, wie war Hiob denn? Man weiß meistens nur den einen Satz aus dem Leben Hiobs: ,,Der Herr hat's gegeben, der Herr hat's genommen, der Name des Herrn sei gelobt" (Hiob 1, 21). Wer aber wirklich das Buch Hiob gelesen hat, weiß, wie dieser Mann die ganze Zeit gegen sein Kranksein protestierte. Sein Ausharren, das er praktizierte, bestand darin, daß er nicht müde wurde, nach Gottes Heil und seiner Heilung auszuschauen. Immer wieder und trotz aller Enttäuschungen hat er durchgehalten und weiter geglaubt. Er konnte sagen: ,,Ich weiß, daß mein Erlöser lebt." Und am Ende erlebte er, daß Gott seine Einstellung rechtfertigte und ihn heilte.

Wir sehen also, daß das biblische, neutestamentliche Ausharren nicht Fatalismus und ein Abfinden mit dem Schicksal ist, sondern ein Ausharren im Glauben und ein Ausschauhalten nach Gottes Heilstat. Das ist die Stellung, die einem Christen geziemt. Deshalb verstehen wir, warum die Bibel sagt: ,,Ausharren ist euch not, damit ihr die

Verheißung Gottes erlangt." Es gibt etwas, das wir den Glaubenskampf nennen, wo wir den guten *Kampf des Glaubens* kämpfen, bis der Herr eine Antwort gibt. Dieser Text will uns lehren, nicht Krankheiten als Schicksal zu akzeptieren, sondern als eine Gelegenheit, Gottes Heilskraft zu erleben. Christen vertrauen auf Gott — sie harren mit Ausdauer aus.

Zwischen dieser Ermahnung zum Ausharren und dem direkten Abschnitt über den Heilungsdienst in der Gemeinde kommt eine Mahnung zur Wahrhaftigkeit. Gott will damit andeuten, daß manchmal Leiden und Krankheit auch eine Folge einer gelebten Unwahrhaftigkeit sein können. Er sagt ausdrücklich, man könne dadurch unter ein Gericht kommen. Das ist nicht eine Anweisung an die Unbekehrten, sondern an die Gläubigen. Christen müssen hierin anders sein als die Welt.

Nun gehen wir im Text weiter: ,,Leidet jemand unter euch, der bete. Ist jemand guten Mutes, der singe Psalmen. Ist jemand unter euch krank, der rufe die Ältesten der Gemeinde zu sich..." Es fällt auf, daß hier zwischen ,,Leiden" und ,,Kranksein" unterschieden wird. Wir machen oft den Fehler, daß wir im Neuen Testament Leiden und Krankheit nur als zwei verschiedene Wörter für dieselbe Sache ansehen. Doch das griechische Wort für Leiden, KAKO-PATHEIA (Vers 13), wird gebraucht für Leiden, welche durch andere Menschen verursacht werden, besonders aber für Leiden um des Glaubens willen. Solche Leiden haben mit Verfolgung, Bedrückung und Nachteilen um des Glaubens willen zu tun. Diese wird es immer wieder geben, denn es gilt das Wort: ,,Alle, die in Christo Jesu gottselig leben wollen, müssen Verfolgung leiden" (2. Timotheus 3, 12).

In den Versen 13 und 14 stehen drei kurze Fragesätze: ,,Leidet jemand unter euch?" ,,Ist jemand guten Mutes?" ,,Ist jemand unter euch krank?" Nicht umsonst stehen diese drei kurzen Sätze in Frageform. Der Apostel will damit andeuten, daß man in einer gesunden biblischen Gemeinde nach dem Geschick der Gläubigen fragt, sich um sie kümmert und an allem Anteil nimmt. Wie wenig Fragen und Anteilnahme findet man heute in den Gemeinden. Da können Mitglieder krank sein oder um Jesu willen viel leiden, ohne daß jemand Notiz davon nimmt. Scheingeistlich kann man noch sagen: ,,Wenn sie krank sind, dann sollen sie die Ältesten rufen!" Aber wenn sie es nicht können (ungläubige Familie, Hinfälligkeit usw.)?

Neben dem Wort: ,,Der rufe zu sich die Ältesten" muß das Jesuwort stehen: ,,Ich bin krank und gefangen gewesen, und ihr habt mich nicht besucht..." (Matthäus 25, 43). In einer gesunden Gemeinde fragt man nach den Geschwistern. Niemand bleibt unbesucht. Man fragt aber auch nach dem Grund der Freude, gibt den Geschwistern Gelegenheit zum „Loblied" (Zeugnis). Niemand bleibt in Leid und Krankheit übersehen und niemand muß an seiner Freude „ersticken".

Es fällt auf, daß Jakobus in seinem Brief zwei verschiedene Ausdrücke für Krankheit gebraucht. In Vers 14 steht: „Ist jemand krank unter euch..." Hier wird das Wort ASTHENEIA gebraucht, welches „hinfällig", „behindert", „unfähig, Glieder oder Organe recht zu gebrauchen" bedeutet. Dieses Wort bezieht sich auf körperlich-organische Krankheiten. In Vers 15 lesen wir: „Und das Gebet des Glaubens wird den Kranken retten, und der Herr wird ihn aufrichten." Hier steht das griechische Wort KAMNO. Es bedeutet soviel wie „bedrückt sein", „ohne Lebensfreude sein", mit anderen Worten: depressiv oder seelisch krank zu sein. Ist es nicht ergreifend zu sehen, daß die Bibel auch das seelische Leiden der Menschen ernst nimmt und in den Heilungsrahmen des Evangeliums hineinstellt? Jesus ist auch der Arzt der Seele, nicht nur der Arzt des Leibes!

Der große Theologe Karl Barth hat darauf hingewiesen, daß der Mensch in Wirklichkeit gar nicht gesund ist, wenn er nicht auch Lebensfreude hat. Gesundheit ist mehr als nur Abwesenheit von physischen Defekten. Er sagte etwa: „Gesundheit ist Freiheit und Kraft für das menschliche Leben, vollständige Einsatzfähigkeit unserer Glieder und Organe und aller geistlichen und körperlichen Funktionen. Gesundheit ist nicht ein Wert in sich selbst, sondern ist bestimmt vom Sinn des Lebens." Wenn ein Mensch aus einer lebensbedrohenden Krankheit gerettet wird, aber keinen Sinn im Weiterleben findet, bedauert er höchstens noch, daß er vor dem Sterben gerettet wurde. Er leidet an seinem eigenen Leben, denn er hat keine Lebens- und Daseinsfreude.

Den Zusammenhang zwischen Seele und Leib nimmt die Bibel ernst und zeigt ganz klar, daß seelische Harmonie und innerer Friede noch wichtiger sind als die Befreiung von physischen Defekten. Der Mensch kann körperliche Defekte loswerden, und sein Leben kann trotzdem eine Qual sein, weil er nicht weiß, wofür er lebt. Bei einer göttlichen Heilung soll eben beides geschehen: Die Seele soll wieder neue Hoffnung, neue Freude, neuen Frieden bekommen, und der Leib soll geheilt werden. Deshalb ist der Dienst der Ältesten als Segens- und Glaubensdienst niemals vergeblich. Der Segen ihres

Gebetsdienstes geht weit über das hinaus, was wir Defektbeseitigung oder organische Störungsbeseitigung nennen würden.

Sich in seiner Not an die Ältesten zu wenden ist ein doppeltes Zeugnis. Das erste Zeugnis liegt darin, daß wir unsere Heilung nur vom Segenshandeln Gottes erwarten, welches durch Handauflegen im Namen des Herrn ausgedrückt wird. Es geht nicht darum, irgendwie nur geheilt zu werden, sondern vom Herrn geheilt zu werden. Wir könnten nun besonders darauf eingehen, was die biblische Bedeutung des Begriffes „Segen" — hebr. BARUCH/BRACHAH — ist. Er bedeutet u. a. „mit heilsamer Kraft begnadet zu werden". Wenn wir irgendwann heilsame Kraft brauchen, dann, wenn wir krank sind. Heilsam ist immer im doppelten Sinne gemeint: Heilsam für den Leib und für die Seele.

Wenn wir die Ältesten rufen, bezeugen wir zweitens, daß wir sie (und damit die biblischen Ämter!) als eine Gottesgabe akzeptieren. Es gibt manchmal in Gemeinden eine respektlose Einstellung zu den Gaben Christi in den biblischen Ämtern. Dabei sagt die Bibel, einen Ältesten soll man zweifacher Ehre wert halten (1. Timotheus 5,17). Wer die Ältesten ruft, bringt zum Ausdruck: Ich respektiere sie als Gottesgabe, als Gottesboten und Segenskanäle. Sie sind zwar Menschen, aber sie stehen für mich vor Gott und für Gott vor den Menschen. Das ist eigentlich die Aufgabe eines jeden Ältesten: Er soll vor Gott für die Menschen eintreten, und er soll vor den Menschen für Gott eintreten.

Warum sollten die Gläubigen nicht zu den Männern gehen, die in dem Ruf stehen, die Gnadengaben der Heilungen zu haben? Die Antwort ist einfach: Weil Gott dem Gläubigen so viele Möglichkeiten zur Heilung, die innerhalb der Gemeinde liegen, gegeben hat. Gott will, daß die Gemeinde uns als Leib des Herrn, als Tempel Gottes und als Seine Offenbarungsstätte wichtig wird. Christen sollten in der Gemeinde die Herrlichkeit Gottes suchen und erleben.

Ein wesentlicher Teil des Segnungsdienstes ist in Jakobus 5 nicht erwähnt, aber offensichtlich mitgedacht: die Handauflegung. Davon lesen wir in Markus 16, 18: „Auf die Kranken werden sie die Hände legen, und sie werden sich wohlbefinden." Der Ausdruck für „wohlbefinden" ist mit dem hebräischen TOB (TOV) in der Schöpfungsgeschichte offensichtlich identisch. Unter dem Segen Gottes soll der ursprüngliche, gute Schöpfungszustand wieder hergestellt werden. Was durch den Sündenfall Adams verlorenging, soll durch den Sieg des zweiten Adams (Jesus) wiedererlangt werden. Wie der eine

Name für Krankheit und Leid steht, so steht der andere Name für Heilung und Wiederherstellung. Heilung ist demnach Sichtbarmachen der „neuen Schöpfung" in Jesus Christus.

Vers 15 bereitet uns vielleicht eine Überraschung. Hier wird nichts davon gesagt, daß der Kranke seine Sünden bekennen soll, um Vergebung zu erlangen. Der Apostel schreibt: „Und wenn er Sünden getan hat, wird ihm (beim Dienst der Ältesten) vergeben sein." Das scheint ein Widerspruch zum nächsten Vers zu sein: „Bekennet einer dem anderen seine Sünden und betet füreinander, daß ihr gesund werdet."

Im ersten Falle, „Wenn er *Sünden* getan hat...", steht im Grundtext das Wort HAMARTIA. Dieses bedeutet: Zielverfehlung, Zukurzkommen und bezeichnet Fehlverhalten Gott gegenüber. Im zweiten Falle aber, „Bekennet einer dem anderen seine *Sünden*", steht in einigen wichtigen Handschriften PARAPTOMATA. Dieses Wort meint mehr Kränkungen, Verletzungen und Vergehungen auf zwischenmenschlicher Ebene. Es geht bei den zu bekennenden Sünden offensichtlich in erster Linie um zwischenmenschliche Verfehlungen, die die Gemeinschaft belasten. Gemeinschaftsschädigende Sünden soll man einander bekennen. Diese Sünden machen eine echte Gebets- und Glaubensgemeinschaft unmöglich.

Dafür ein Beispiel: Angenommen, ein Bruder wird zu einem Kranken gerufen. Er soll mit ihm beten. Aber er weiß, dieser Kranke hat über ihn schlecht geredet und ihn verleumdet. Nun soll er jetzt mit ihm eins werden, denn: „Wenn zwei unter euch eins werden auf Erden, worum sie bitten wollen, das soll ihnen widerfahren von meinem Vater im Himmel" (Matthäus 18, 19). Das ist ja gar nicht möglich. Zwischen ihnen besteht ein unbereinigtes Verhältnis. Während er betet, könnte er sogar den Gedanken haben: „Das ist die gerechte Strafe für die Verleumdungen!" Wie soll ein solches Gebet Wirkung haben?

Solche gemeinschaftsschädigenden Dinge müssen bekannt und vor Gott bereinigt werden. Die Sünden vor Gott muß niemand vor den Ältesten oder anderen Menschen bekennen, aber er darf es tun. Es ist ein großes Geschenk, sich einmal vor einem Seelsorger aussprechen zu dürfen.

Wir lesen diese Stelle meistens so: „Ihr Kranken, bekennet nun den Ältesten eure Vergehungen, und dann betet füreinander..." Aber so steht es hier nicht! Es steht: „Bekennet einander eure Vergehungen." Es kann also auch sein, daß sich Älteste gegen die Kranken vergangen haben und bekennen und bereinigen müssen. Hier stehen sowohl der Kranke wie die Ältesten in gleicher Verantwortung. Auch Älteste können sich gegen die Brüder und Schwestern verfehlen und die Gemeinschaft schwer belasten. Stellen wir uns z. B. vor, ein Kranker weiß, daß der Älteste ihn nur für einen eingebildeten Kranken hält. Wieviel Glaubenserwartung wird er in sein Gebet investieren?

Das ist also der Grund, warum von den gemeinschaftsschädigenden Sünden gesagt wird: ,,Bekennet *einander* eure Vergehungen . . .'' Da stehen nicht die Ältesten als die hohen, fehlerfreien Herren da, sondern alle stehen solidarisch vor dem gleichen Herrn mit ihren gleichen Unzulänglichkeiten und mit der gleichen Vergebungsbedürftigkeit. Das Bekennen und Bereinigen der gemeinschaftsschädigenden Sünden schafft nicht nur ein Klima der Solidarität, sondern auch des Vertrauens.

Es kann auch geschehen, daß ein Ältester den anderen Ältesten, mit dem er gemeinsam für die Kranken betet, um Vergebung bitten muß — um damit freie Bahn zu schaffen für ein Gebet des Glaubens.

Dieses Wort schiebt allem einseitigen, ungeistlichen Bekennungserpressen einen Riegel vor: ,,Bekennet einander . . .'' Alle Christen stehen gemeinsam auf dem Boden der Gnade. Nur auf diesem Boden können sie einander und dem Herrn begegnen.

WIE DIE HEILUNG GESCHIEHT

,,Das Gebet des Glaubens wird den Kranken retten.'' Das Gebet ist kein magisches Mittel, aber als Gebet des Glaubens wendet es sich an den allmächtigen Herrn. Er wird die Heilung bewirken. Es geht hierbei nicht um ein ,,ernstes'' Gebet, sondern um ein Gebet des Glaubens.

In unserem Text werden im Grundtext drei verschiedene Ausdrücke für die Heilung gebraucht, dazu kommt noch ein anderes Wort in Markus 16.

Das erste Wort ist ,,retten''. ,,Das Gebet des Glaubens wird den Kranken retten.'' Das griechische Wort ist SOZO. Es ist ein breites und sehr tiefes Wort. Es ist das gleiche Wort, das für die Befreiung von Sünde, für die Erlösung gebraucht wird. Damit soll gesagt werden: Göttliche Heilung ist ein Teil der Kreuzeserlösung, eine Teilhabe an dem vollen Heil Jesu Christi. Mit diesem Wort stellt der Heilige Geist eine Verbindung zum Heil her. Krankenheilung ist nicht eine

Sache an sich, sondern ein Stück Verwirklichung des Heiles Jesu Christi. Sie steht in direktem Bezug zur Kreuzeserlösung (vgl. Jesaja 53).

Den zweiten Begriff finden wir gleich im nächsten Vers: „Der Herr wird ihn aufrichten." — griechisch: EGEIRO. Dieses Wort hat die Bedeutung von auferwecken, aufstehen lassen. In der Heilung wird Teilhabe an den Kräften der Auferstehung erlebt. Etwas kühn möchte ich sagen: Heilung durch das Gebet der Ältesten ist ein Stück „Mini-Auferstehung". Krankheit gehört zum Reich des Todes, Heilung zum Reich des Lebens und der Auferstehung. Die Kraft der Auferstehung richtet den sterblichen Leib auf. Nach dem Wort EGEIRO steht Heilung auch in direktem Bezug zur Auferstehung.

Einen anderen Begriff finden wir in Markus 16, 18. Luther übersetzt: „Es wird besser mit ihnen werden." Doch es heißt eigentlich: „Sie sollen sich wohlbefinden" — griechisch: ECHO KALOS. Das ist mehr als „besser werden". Das Wort, das hier gebraucht wird, wird zur Übersetzung des hebräischen Wortes TOB in der Schöpfungsgeschichte benutzt. Nach jedem Schöpfungstag lesen wir: „Und Gott sah an alles, was Er gemacht hatte, und es war TOB — gut." Der Gedanke ist, daß göttliche Heilung eine Teilhabe an der neuen, vollendeten Schöpfung ist. Dieses Teilhaben ist ein Vorschmecken — deshalb ein „Zeichen" — des neuen Himmels und der neuen Erde, in welcher kein Leid und Geschrei sein wird.

Den dritten Ausdruck im Jakobus-Text finden wir in 5, 16, wo es heißt: „...damit ihr *geheilt* werdet." Da steht das griechische Wort IAOMAI. Dieser Begriff meint gesund werden im medizinischen Sinne.

Die Heilung, die in Beziehung zum Kreuz, zur Auferstehung und zur neuen Schöpfung steht, bewirkt ein Resultat im medizinischen Sinne. Diese Heilung ist keine Einbildung, sondern medizinisch feststellbar. Der Arzt muß sie bestätigen. Das habe ich kürzlich erlebt. Jemand, der an Bauchspeicheldrüsenkrebs litt und vom Arzt aufgegeben wurde, bekam ärztlich bestätigt: „Der Krebs ist nicht mehr zu finden — sie sind geheilt."

Heilung ist mehr als ein geheilter Organismus. Krankenheilung ist ein Angeld der Vollendung. Durch sie wird etwas vom vollen, ewigen Heil in Christus sichtbar.

In Vers 16 heißt es: „Des Gerechten Gebet vermag viel in seiner Wirkung." So heißt es wörtlich nach dem Grundtext (statt „... wenn es ernstlich ist"). Das Gebet kann fröhlich sein und trotzdem

Wirkung haben. Es muß nur ein Gebet eines Gerechten und das Gebet des Glaubens sein.

Dazu noch einen sehr wichtigen Gedanken. Das Wort sagt hier: „Des Gerechten Gebet vermag *viel*..." Es steht aber nicht: „Des Gerechten Gebet vermag alles." Es gibt kein allmächtiges Gebet, sondern einen allmächtigen Herrn, zu dem wir beten. Dieses Wort hat etwas Ermutigendes für den Kranken wie auch für den Beter. Der Beter kommt nicht so leicht in eine Glaubenskrise, wenn in dem einen oder anderen Fall der Kranke nicht geheilt wird. Das kann zu einer Anfechtung werden. Er darf eines wissen: Des Gerechten Gebet vermag viel, aber alles vermag es nicht. „Viel" ist verheißungsvoll. Kein aufrichtiges Beten und Handeln im Namen Jesu bleibt ohne großen Segen.

Für den Kranken ist das auch sehr tröstlich. Er weiß: Des Gerechten Gebet schadet nicht nur nicht, sondern es vermag viel. Selbst wenn eine Heilung, so wie sie erwartet wurde, nicht geschieht, geschieht doch viel. Der Segensdienst der Ältesten bringt Gotteskraft zum Fließen. In dem einen bereits erwähnten Fall wurde jemand Sterbefreudigkeit geschenkt. Das Gebet hatte es bewirkt.

Jedes Gebet von gläubigen Ältesten, die im Namen des Herrn und im Auftrag einer gläubigen Gemeinde handeln, richtet große Dinge aus. Im Himmel werden wir staunen, was alles geschehen ist unter Handauflegung und Gebet. Das möchte ich den Gläubigen und den Ältesten zur Ermutigung sagen.

Und in diesem „viel" ist auch Heilung von hoffnungslos Kranken eingeschlossen. Habt keine geringe Schau von dem, was durch des gerechten Gebet geschehen kann. Über Bitten und Verstehen hinaus kann da geschehen!

Die Kranken sollen nach dieser Anordnung im Namen des Herrn mit Öl gesalbt werden. Hier steht allerdings nicht das Wort für „salben", das im Neuen Testament für die kultische, heilige Salbung gebraucht wird. Dieses Wort für salben ist ENCHRIOO, aber hier steht ALEIPHOO. Die richtige Übersetzung wäre „ölen" oder „einreiben". Das ist ein medizinischer und kein kultischer Ausdruck. Daraus wird sichtbar, daß das Ziel der Salbung nicht eine Weihehandlung, sondern Hilfe und Heilung für den Kranken ist. Ein so behandelter Kranker ist kein „Gesalbter des Herrn", sondern ein Heilungssuchender.

In unserem Text ist auch nicht von Heilung von Krankheiten die Rede, sondern von Kranken! Bei Gott steht nicht ein Problem, sondern immer der Mensch im Mittelpunkt. Alle Seine Heilungen sind Zeichen Seiner Liebe zu den Menschen. Sollten wir als Christen nicht hier unsere Einstellung überprüfen? In der Gemeinde muß ein Stück der neuen Gesellschaft sichtbar werden. Die Liebe sieht immer den Menschen, nicht ein Problem.

Merken wir, warum Gott so Nachdruck darauf legt, daß die Gemeinde einen anderen Weg gehen soll als die Welt? Zweimal steht im Text ,,unter euch''. Es gilt, die Gemeinde trotz aller Mängel neu als den Leib Christi zu entdecken und ihr ein treues Glied zu sein. Der Text sagt: ,,... der rufe die Ältesten der Gemeinde'', also *seiner* Gemeinde. Jeder Christ muß einer biblischen Gemeinde angehören, in der Älteste sind. Nur das sind rechte Älteste, die den biblischen Diensthorizont überhaupt kennen. Älteste sind nicht Verwaltungsbeamte, sondern göttliche Mitarbeiter, deren Dienst der Herr bestätigt und sich gerne zu ihrem Gebet und Glauben bekennt.

8. Kapitel

Die Gabe der Kraftwirkungen

„Einem anderen Wirkungen der Kräfte" (1. Korinther 12, 10). In der Aufzählung der Charismen des Geistes wird hier ein Charisma erwähnt, welches in vielen Übersetzungen mit „die Gabe Wunder zu tun" übersetzt wird. Diese Übersetzung wird dem Grundtext nicht gerecht. Dort stehen die griechischen Worte ENERGEMATA DYNAMEON. Wörtlich übersetzt muß es „Wirkungen der Kräfte" heißen. Es stehen sowohl „Wirkungen" als auch „Kräfte" im Plural. Eine spezielle Gabe des Geistes, Wunder zu tun, gibt es nicht. Aber es gibt ein Charisma, durch welches sich eine breite, unbegrenzte Fülle von Kraftwirkungen manifestiert. Durch diese Formulierung will der Heilige Geist verhindern, daß wir uns auf irgendeine besondere Kraftwirkung festlegen. Sie gibt eine Offenheit für alle möglichen Kraftwirkungen und verhindert damit die Ablehnung einer Kraftwirkung, nur weil sie ungewöhnlich oder befremdlich ist.

Der Herr hat manchmal ganz ungewöhnliche Kraftwirkungen im Dienst gesegneter, aufrichtiger Gottesmänner geschehen lassen. Denken wir nur an die begleitenden Zeichen mancher Erweckungen: Menschen fielen hin, zitterten oder schwebten gar in der Luft (Wesley, George Fox, Great Revival USA usw.) Viele Christen wurden unruhig. Ihre ängstliche Frage lautete: „Wo steht denn das in der Bibel?" Die Ursache für diese Ängstlichkeit und eventuell daraus folgende Ablehnung ist darin zu suchen, daß man sich zu wenig mit dieser Gabe der Wirkungen der Kräfte beschäftigt hat. Gerade um jede Festlegung und Begrenzung zu verhindern, steht hier beides im Plural. Damit soll ausgedrückt werden: Es gibt eine solche Menge von Kraftwirkungen, daß jeder Katalog in die Gefahr geraten würde, irgendeine neue Möglichkeit der Kraftwirkungen Gottes zu übersehen, auszuklammern und abzulehnen.

Die populäre Übersetzung „Wunder zu tun" hat gewiß zu der Scheu gegenüber den außergewöhnlichen Kraftwirkungen beigetragen. Niemand vermutet ja dahinter die Gabe der „Wirkungen der Kräfte".

Das Neue Testament will uns offen machen für den Reichtum der Kraftwirkungen, auch für das Ungewöhnliche, das Gott uns schenkt. Es redet von ,,Zeichen und Wundern und mancherlei Kraftwirkungen'' (Hebräer 2, 4). Diese waren den Zeitgenossen der Apostel neu, fremd und ungewöhnlich, denn es heißt, daß ,,ungewöhnliche'' Zeichen durch die Hände der Apostel geschahen. Sie werden nicht näher definiert, eines aber wird gesagt: Sie waren ungewöhnlich.

Dieses Charisma der Kräftewirkungen soll den normalen Erfahrungsrahmen der Menschen durchbrechen. Es sollen Dinge geschehen, die im normalen Erfahrungsschatz der Gemeinde bzw. auch der Welt nicht selbstverständlich sind. Der Herr, der sich in diesen Kraftwirkungen offenbart, ist größer als unser Verstand.

Wir dürfen diese Gabe nicht auf eine Gabe ,,Wunder zu tun'' verengen (Wunder heißen im griechischen TERAS). Zu den Kräftewirkungen können Wunder gehören, aber es können auch Wirkungen sein, die wir niemals als ,,Wunder'' bezeichnen würden. Wir tun gut daran — dem Grundtext entsprechend —, diesem Charisma seine Breite zu lassen und uns eine große Offenheit zu bewahren.

WIRKUNGEN DER KRÄFTE — WAS IST DAS?

Zum besseren Verständnis dieses Charismas der Kräftewirkungen wollen wir uns mit der Besonderheit des griechischen Begriffs DYNAMIS — im Unterschied zu anderen Kraftbezeichnungen — befassen.

Der Begriff DYNAMIS ist auch in unserer Sprache gut bekannt, denken wir nur an ,,Dynamit'', ,,Dynamo'' oder ,,dynamisch''. DYNAMIS bedeutet eine fließende Kraft. Da diese Kraft irgendwoher kommt, muß man bei ihr auch immer von der Kraftquelle reden. DYNAMIS ist keine Kraft, die jemand in sich selbst entwickeln kann. Sie fließt von einer Kraftquelle zu. Diese Kraft wird vom Empfänger in Leistung umgesetzt. Es ist ähnlich wie beim elektrischen Strom.

Denken wir z. B. an ein Aggregat, das eine kräftige Leistung hervorbringt. Wir wissen, daß nicht das Aggregat diese Kraft erzeugt, sondern sie von irgendwoher bezieht und in Leistung umsetzt. In diesem Sinne ist dieser griechische Begriff DYNAMIS zu verstehen. Echte geistliche DYNAMIS ist nur dort, wo man mit dem Herrn, der Quelle der Kraft, verbunden und von Ihm abhängig ist. Geistliche

Kraft fließt uns zu, wirkt durch uns. Ihr Ursprung ist aber nicht in uns. DYNAMIS ist gegebene Kraft.

Von DYNAMIS unterschieden, wenn auch nicht immer geschieden, ist Stärke — griechisch ISCHYS. Es ist eine Fähigkeit, die sich in einer Person entwickelt hat. Die Bibel kann zwar davon reden „Der Herr ist meine Stärke", damit will sie aber sagen, daß der betreffende Mensch auf seine natürliche Stärke verzichten gelernt hat und völlig dem Starken (hebr. EL) vertraut.

Beim Christen soll sich durch Wort und Geist Stärke und Festigkeit zur größeren Treue entwickeln. Stark geworden sollen sie den Bösen überwinden. Stärke ist aber auch begrenzt. Wer stark ist, kann deswegen nicht alles selber ausführen. Ein starker Mann z. B. kann einen Zentnersack hochheben, aber kapituliert vielleicht bei 150 Pfund. Der Kraft aber kann immer neue Stärke zur Leistung entnommen werden. Gottes DYNAMIS ist unbegrenzt.

Jeder Christ soll durch die Erfahrungen mit der Kraft Gottes auch eine Persönlichkeitsveränderung erleben. Er soll an Stärke durch die Macht Seiner Stärke zunehmen. Es ist bedauerlich, daß einige Gotteskinder, die die Kraft der Geistestaufe empfangen haben, sich nur als Kanal verstehen. Sie übersehen die neutestamentliche Wahrheit, daß durch denselben Heiligen Geist auch ihre Persönlichkeit verändert und umgestaltet werden soll. Es geht nicht nur um eine Erfahrung mit der Kraft Gottes, sondern auch um Veränderung, geistliches Wachstum und Heiligung. Deshalb: Wenn wir den Geist empfangen haben, dann laßt uns im Geist wandeln. Der Heilige Geist muß auch nach innen wirken können, denn Dienst mit heiligen Dingen ohne Heiligung des Lebens wird zum Schluß zum Gericht. Davon redet Paulus, wenn er sagt: „... daß ich nicht anderen predige und selbst verwerflich werde." „Kanal sein" war ihm nicht genug!

Vollmacht ist auch etwas anderes als DYNAMIS, obwohl geistlich nicht immer von ihr zu trennen. Der Ausdruck „Vollmacht" (Luther: „Macht") — griechisch EXOUSIA — kommt häufig im Neuen Testament vor. Vollmacht bedeutet soviel wie Autorität. Autorität ist eine verliehene oder übertragene Befugnis.

Nehmen wir mal ein Beispiel: Ein Polizist übt einen hoheitlichen Dienst im Namen des Staates aus. Er könnte körperlich schwächer als ein Verbrecher sein, und er ist garantiert schwächer als ein Lastwagen, der mit 240 PS auf ihn zukommt. Doch ihm ist aufgrund seiner Berufung Autorität und Vollmacht verliehen. Wenn er die

Hände ausbreitet, muß der Verkehr stehen bleiben. Wenn er mit der Hand winkt, muß der größte Lastwagen folgen. Diese Autorität liegt nicht in seiner Kraft, sondern in der Kraft seines Amtes.

Jeder „Bevollmächtigte" handelt im Auftrag einer höheren Macht. Vollmacht hat immer mit Berufung und Sendung durch eine höhere Autorität zu tun. Sie ist an diese gebunden. Ohne ordentliche Berufung und Sendung ist jeder Vollmachtsanspruch Anmaßung.

Jesus sagt: „Mir ist gegeben alle EXOUSIA", d. h. Vollmacht. Vollmacht muß also gegeben werden. Als Herr über alle Welt empfing Jesus Vollmacht. Aus ihr heraus gibt Er Sendung und Bevollmächtigung im Missionsbefehl: „Gehet hin und machet zu Jüngern alle Völker . . ." (Matthäus 28, 19). Die Quelle der geistlichen Autorität liegt in Jesu Erwählung und Sendung. Er hat allein *alle* Vollmacht. Er verleiht sie je nach Berufung.

Über die Frage der Vollmacht wäre noch viel zu sagen, aber es gehört nicht zu unserem Thema. Nach dem Neuen Testament gibt es keinen Christen ohne Vollmacht, aber nicht alle haben die gleiche Vollmacht. Vollmachten sind verschieden. Mit der Vollmacht wächst auch unsere Verantwortung, denn man kann Vollmacht auch mißbrauchen.

Nach diesen kurzen Betrachtungen kehren wir zu den Kräftewirkungen zurück. Durch dieses Charisma sollen Manifestationen der Gotteskraft geschehen. Es sollen dadurch sowohl befreiende wie auch erstaunliche Wirkungen der Kräfte erfahren werden.

BEFREIUNGSTATEN

Es gibt gewiß mancherlei Befreiungstaten. Totenauferweckung ist z. B. eine Befreiungstat, eine Befreiung vom Tode. Sie gehört somit zu den möglichen „Kräftewirkungen". Die Kraft Seiner Auferstehung wird hier sichtbar. Gewiß sind heute Totenauferweckungen nicht häufig, aber sie waren es auch im Neuen Testament nicht. Sie tragen einen starken Zeichencharakter und machen deutlich: „Der Tod ist verschlungen in den Sieg" (1. Korinther 15, 55).

Auch in der Geschichte der deutschen Pfingstbewegung hat es einige unzweifelhafte Totenerweckungen gegeben. Mit diesen Wirkungen macht Gott deutlich, daß der Tod keine letzte Realität ist.

Die zweite Kraftwirkung zur Befreiung ist sehr wichtig: Die Befreiung von Dämonen (Luther: „Teufel austreiben"). Im Neuen

Testament sehen wir, daß die Dämonenaustreibung in jeder Sendungsrede des Herrn an Seine Jünger enthalten ist. „Treibt Dämonen aus" (Matthäus 10, 8) oder „In Meinem Namen werden sie Dämonen austreiben" (Markus 16, 17). Die Apostelgeschichte zeigt Dämonenaustreibung als einen selbstverständlichen Teil des Dienstes der Apostel.

Ebenso gehört zu dieser Gabe auch Freisetzung von Gebundenheiten und Ketten der Laster. Diese Kraftwirkungen geben Sieg über die Finsternismächte und Sündengebundenheit. Durch solche Befreiungstaten wird offenbar: „Dazu ist erschienen der Sohn Gottes, daß Er die Werke des Teufels zerstöre" (1. Johannes 3, 8).

KRÄFTEWIRKUNGEN ALS WUNDER

Auch Schöpfungs- oder Naturwunder gehören mit zu diesem Charisma. Schöpfungswunder im engeren Sinne wollen ein Zeugnis ablegen, daß die Materie nicht die letzte Wirklichkeit ist. Es gibt Wirklichkeiten hinter und über unserer materiellen Welt. Gott ist immer die höchste Wirklichkeit.

In der Bibel sehen wir z. B. das Speisungswunder. Es ist ein Durchbrechen der bekannten Naturgesetze. Niemand kann nach dem Gesetz von Ursache und Wirkung erklären, wie aus den fünf Broten und zwei Fischen soviel werden konnte, daß mehr als 5000 Menschen gespeist werden konnten. Und es blieben noch einige Körbe voll übrig. Dieses Wunder sprengt den Rahmen unseres naturwissenschaftlichen Weltbildes. Aber unsere Naturkenntnis, ohne Wissen um den allmächtigen Gott, ist nur eine bruchstückhafte Wirklichkeitserkenntnis. Gott kann jederzeit in die Natur eingreifen und so Seine Macht beweisen. Solche Krafttaten sind ein prophetisches Zeichen: „Das Reich Gottes ist mitten unter euch." Es ist sowohl diesseitig wie jenseitig.

Kraftwirkungen können Wiederherstellung bei Verletzten oder bei Menschen, die angeborene Körperfehler haben, bewirken. Solche Wirkungen sind keine Heilungen im klassischen Sinne. Nehmen wir einmal an, jemand ist verkrümmt. Das ist doch keine Krankheit, sondern ein Geburtsfehler. Wenn sein Körper völlig in Ordnung gebracht würde, wäre es keine Heilung, sondern ein ausgesprochenes Wunder.

Ein Beispiel: Eine Schwester verunglückte auf dem Weg zur

Versammlung, rutschte aus und brach sich den Arm so, daß die Knochen sich übereinander schoben. Sie mußte im Notfallwagen zum Arzt. Dieser richtete den Arm ein und packte ihn in Gips. Die Schwester ließ sich danach in den Gottesdienst fahren. Dort wird sie plötzlich von dem starken Glauben ergriffen, sie würde geheilt. Sie bat die Brüder, mit ihr zu beten. Der damalige Leiter der Versammlung, der medizinisch tätig war, besaß ein Röntgenlabor. Er durchleuchtete den Arm der Schwester nochmals und konnte den Bruch eindeutig auf der Platte erkennen. Doch die Schwester sagte: ,,Jetzt schneide mir im Namen Jesu den Gips auf." Ihr könnt euch denken, wie der Bruder sich sträubte. Er wußte, daß er seine Lizenz für seinen Beruf verlieren konnte. Aber die Schwester drängte: ,,Wenn du es nicht tust, dann tue ich es." Da schnitt er den Gipsverband auf. Er berichtete, was dann geschah: ,,Ich traute meinen Augen nicht! Ich hatte doch die Platten, auf denen der Bruch klar zu sehen war, vor mir. Aber der Bruch war verschwunden, und nicht einmal eine verheilte Bruchstelle war zurückgeblieben.

MANCHERLEI WIRKUNGEN DER KRÄFTE

Kräftewirkungen können auch eigenartige Erscheinungen sein, die die Verkündigung oder den Gebetsdienst begleiten. Wir wissen aus der Erweckungsgeschichte (z. B. bei Wesley, G. Fox oder in der amerikanischen Erweckungsbewegung), daß Leute während der Predigt oder dem Gebet hinfielen, zitterten oder längere Zeit wie tot am Boden lagen oder in der Luft schwebten. Das war bei verschiedenen Erweckungen direkt ein besonderes Charakteristikum. Einige Christen haben sich von solchen Erscheinungen distanziert, sie sogar als dämonisch erklärt. Die Unglaublichkeit dieses Urteils zeigt sich darin, daß bei diesen angeblich ,,dämonischen" Erscheinungen Hunderttausende von Menschen wiedergeboren wurden und sich im späteren Leben als wahre Nachfolger Jesu erwiesen.

Die Geschichte echter Geisteserweckungen ist voll von Berichten über solche Kraftwirkungen. Solche Wirkungen von Kräften sind durch dieses Gotteswort gedeckt. An den Früchten erweisen sie sich als Taten des erhöhten Herrn und Wirkungen des Heiligen Geistes.

Allerdings müssen solche Kraftwirkungen durch eine gesunde Prüfung gehen. Eine Kraftwirkung ist nicht immer göttlichen Ursprungs. Es können sogar absolut gleiche Kraftwirkungen verschiedene Urheber haben. Denken wir an den Bericht des Auszugs aus Ägypten: Die Zauberer taten gleiche Krafttaten, wie sie Mose tat. Und doch wirkten die einen mit dämonischen Kräften und der andere mit göttlicher Kraft.

Richtige Prüfung muß objektiv und geistlich sein. Drei Kriterien scheinen mir da wichtig zu sein:

Erstens: Göttliche Kraftwirkungen wollen zu Gott führen. Sie wollen zur Bekehrung, zur Hingabe an den Herrn und zur Nachfolge Jesu reizen, wie geschrieben steht: ,,Weißt du nicht, daß dich Gottes Güte zur Buße leitet?" (Römer 2, 4). Geistesgaben wollen immer das Kreuz und das Erlösungswerk Jesu verherrlichen.

Zweitens: Göttliche Kraftwirkungen sollen die Gemeinde bauen. Das ist ein wichtiger Prüfstein. Alle Charismen des Geistes haben den Auftrag, Gemeinde Jesu zu bauen.

Drittens: Göttliche Kraftwirkungen begleiten die Verkündigung des Wortes. Sie bekräftigen das Wort und dienen der Wahrheit. Göttliche Offenbarung dient nie einer Irrlehre.

Wenn wir das beachten, haben wir hilfreiche Kriterien zur Beurteilung von Personen, die mit besonderen Kräftewirkungen ausgerüstet sind, und Erscheinungen der Kräftewirkungen. Das gilt auch, wenn sie uns manchmal fremdartig erscheinen. Was zu Christus führt, Ihn verherrlicht, Gemeinde baut und das Wort der Wahrheit begleitet, ist vom Heiligen Geist. Denn: Ein Reich kann nicht mit sich selbst uneins sein. Der Teufel kann nicht durch Beelzebub, den obersten der Teufel, ausgetrieben werden. Das Reich des Teufels wäre mit sich selbst uneins und könnte nicht bestehen (Lukas 11, 18).

Göttliche Kräftewirkungen gab es schon im Alten Testament. Manche sind uns sehr befremdlich. Was würden wohl heute viele fromme Menschen sagen, wenn jemand einen Stab auf die Erde würfe und dieser dann zur Schlange würde? Gerade im Alten Testament wird auch deutlich, wie diese Gaben von immer neuen Aufträgen und neuer Bevollmächtigung abhängig waren. So lesen wir: ,,Der Herr sprach: »Was hast du in der Hand«" und ,,Der Herr sprach: »Strecke deine Hand mit dem Stabe aus«" usw. Mose konnte nicht selbstherrlich jeden Felsen schlagen, um Wasser zu bekommen, nur weil er die Gabe der Kraftwirkungen hatte. Gott gab ihm von Fall zu Fall den Befehl, wie in 2. Mose 17, 5 + 6: ,,Der Herr sprach zu ihm: »Tritt hin vor das Volk und nimm einige von den Ältesten Israels mit dir und nimm deinen Stab in deine Hand, mit dem du den Nil schlugst, und geh hin. Siehe, Ich will dort vor dir stehen auf dem Fels am Horeb. Da sollst du an den Felsen schlagen, so wird Wasser her- auslaufen, daß das Volk trinke.«" Alle Gnadengaben bleiben ein Segen, wenn der Charismatiker in Bindung und Abhängigkeit vom lebendigen Herrn bleibt.

WIRKUNGEN DER KRÄFTE UND INSPIRATION

Der doppelte Plural „Kräftewirkungen" (ENERGEMATA DYNA- MEON) will zeigen, daß für jede Krafttat eine besondere Inspiration nötig ist. Ohne Inspiration und ständigen neuen Zufluß vom Herrn werden diese Taten bald aufhören. So gehören auch hier Begnadung, Berufung, Inspiration und Annahme der Inspiration zusammen. Hier gilt: „Ich glaube, darum handle ich."

Gibt es diese Gabe heute? Sicher gibt es sie, vielleicht mehr als wir erkennen. Gerade diese Gabe liegt mir am Herzen, weil ich die Glau- bensnot unserer Zeit sehe. Wie traurig, daß die Gemeinde Jesu den biblischen Realismus verloren hat. Vieles bewegt sich nur noch im Rahmen des Allzumenschlichen und Religiös-Sozialen. Brünstig soll- ten wir beten: „Herr, gib uns mehr diese Kraftwirkungen, rüste Men- schen aus mit diesem Charisma der Kraftwirkungen, damit Men- schen befreit werden und die Realität Deines Sieges und den Anbruch Deines Reiches erkennen können."

Wir staunen immer über die Vollmacht Seines Wortes, dennoch können wir auf die Vollmacht der mitfolgenden Zeichen nicht ver- zichten. Dazu gehören auch diese Kräftewirkungen.

9. Kapitel

Die Gabe der Prophetie

„... einem anderen aber Prophezeiung" (1. Korinther 12, 10).

Als Schlüsselwort zum Verständnis dieses Charismas soll uns 1. Korinther 14, 3—5 dienen: „Der prophetisch Redende dagegen redet zu Menschen zu ihrer Erbauung und Ermahnung und Tröstung. Der Zungenredner erbaut sich selbst, der prophetisch Redende dagegen erbaut die Gemeinde. Ich möchte, daß ihr allesamt mit Zungen redetet, aber noch lieber, daß ihr prophetische Redegabe besäßet."

Häufig findet man die Meinung, daß es sich bei der Prophetie nur um Zukunftsprognosen handelt. Das entspricht weder dem Zeugnis des Alten noch des Neuen Testaments. Als der Herr Jesus z. B. die Frau am Jakobsbrunnen mit ihrer Vergangenheit konfrontiert: „Fünf Männer hast du gehabt, und den du jetzt hast, der ist nicht dein Mann", antwortet sie: „Herr, ich sehe, daß Du ein Prophet bist" (Johannes 4, 18 + 19). Diese Stelle beweist, daß man selbst damals nicht meinte, Prophetendienst habe es immer mit der Zukunft zu tun.

Woher kommt diese verkehrte Meinung? Man denkt, daß es einen Unterschied zwischen Weissagung und Prophetie gibt. Der Urtext des Neuen Testaments kennt aber keinen Unterschied zwischen „Weissagung" und „Prophetie". Überall da, wo in einigen deutschen Bibelübersetzungen das Wort „Weissagung" zu finden ist, steht im Urtext ebenfalls „Prophetie" — griechisch PROPHETEIA. Weissagung ist nur ein Versuch der Übersetzer, für das griechische PROPHETEIA ein deutsches Wort zu finden.

Die neutestamentliche Gemeindeprophetie hat einen viel breiteren Rahmen als nur Zukunftsvorhersage. Es geht bei ihr nicht unbedingt darum, etwas vorauszusagen, sondern etwas hervorzusagen, was Gott ins Herz des Propheten hineingelegt hat.

Das griechische Wort für „Prophet" setzt sich aus den zwei Begriffen PRO und PHEMI zusammen. Die Bedeutung ist: Für jemand die Stimme erheben, als Bote für jemanden sprechen. Das hebräische Wort NABI hat den gleichen Sinn: Als Bote eine Botschaft weiterzugeben. Aus diesem Grunde kann zu Mose gesagt werden: ,,Aaron soll dein Prophet sein'', d. h. ,,Aaron soll an deiner Stelle reden''. So ist göttliche Prophetie ein Reden im Auftrag des Herrn. In diesem Sinne ist alles Reden im Auftrage Gottes Prophetie.

AUFTRAG DER NEUTESTAMENTLICHEN PROPHETIE

Der Sinn der neutestamentlichen Gemeindeprophetie ist nach 1. Korinther 14, 3 + 4 das, was wir Seelsorge nennen würden: ,,Der prophetisch Redende dagegen redet zu Menschen zu ihrer Erbauung, zur Ermahnung und zur Tröstung.'' Der Grundtext gebraucht für ,,Ermahnung'' ein Wort, das viel positiver klingt: ,,Ermunternde Ermahnung'' oder ,,Zuspruch''. Bei uns hat das Wort ,,Ermahnung'' leider einen zu negativen Klang, der so dem Grundtext nicht völlig gerecht wird. Neutestamentliche Weissagung bzw. Prophetie ist nach obigem Schriftwort eine seelsorgerliche Handreichung in der Gemeinde.

Wer in der Gemeindeverantwortung die Last der Brüder und Schwestern mitträgt, der weiß: Nichts ist uns so nötig wie bevollmächtigte Seelsorge! Man kann Seelsorge studiert haben und ein paar Seelsorge-Seminare belegt haben, und ist im konkreten Seelsorge-Fall oft doch völlig hilflos. Da braucht man von Fall zu Fall diesen Impuls des erhöhten, allwissenden Herrn, der auch der allmächtige und allheilende Heiland ist und allein entscheidend helfen kann. Wir sind nur Glieder an Seinem Leibe. Der Helfende ist der, der das Haupt dieses Leibes ist. Er ist ,,Seines Leibes Heiland''. Bevollmächtigte Seelsorge ist nicht unsere Kunst, sondern Jesu Tat, durch welche Menschen entscheidend geholfen wird. Das macht uns bescheiden. Aber es macht uns auch froh, daß Gott uns nicht in eine Aufgabe hineinstellt ohne die dafür nötige geistliche Ausrüstung.

PROPHETIE ALS SEELSORGE

Prophetie soll als erstes zur *Erbauung* dienen. Das Wort ,,Erbauen'' — griechisch OIKODOME — meint keine süßliche Erbaulichkeit, sondern buchstäblich ,,Haus bauen''. Erbauung ist in der Bibel ein ganz konstruktiver Begriff. Das muß man gerade den Frommen in Erinnerung bringen, die zu leicht Erbauung mit Gefühlen und Stimmungen verwechseln. Erbauung meint ganz konkret den Aufbau der Gemeinde oder den Aufbau unseres inneren, geistlichen Menschen. So soll der Dienst der Prophetie dazu dienen, daß ein rechter Tempel des Herrn, eine Wohnstätte Gottes im Geist, gebaut wird. Er soll dazu helfen, daß wir geistlich wachsen und heranreifen. Solche Erbauung haben wir alle nötig. Gottes Geist allein kann solche Handreichungen an uns tun. Sein bevollmächtigter Zuspruch wirkt kräftig in unserem Leben. Der geistliche Aufbau des Christen bis hin zur Vollendung ist der unschätzbare Wert des Charismas der Prophetie.

Die Prophetie dient zweitens dem *Zuspruch*. Das hier gebrauchte griechische Wort PARAKLESIS heißt: ,,Beistehen'', ,,Zusprechen''. Das hat einen positiven Klang (daher PARAKLETOS = Beistand, Tröster!). Im Zuspruch kann Ermahnung liegen, aber immer mit Ermunterung und Ausweg verbunden. Das ist das Große am Evangelium, daß Gott nie im Negativen stehenbleibt. Selbst wenn Er den Menschen ihr Negatives sagen muß, ruft er aus dem heraus, indem Er einlädt, den geistlichen Ausweg zu benutzen.

Nehmen wir z. B. die negative Prophetie des auferstandenen Herrn an die Gemeinde in Laodizea (Offenbarung 3, 14—22). Da heißt es: ,,Weil du aber lau bist und weder warm noch kalt, werde ich dich ausspeien aus Meinem Munde.'' Das ist eine harte Botschaft. Dennoch sagt Er: ,,Siehe, Ich stehe vor der Tür und klopfe an. So jemand Meine Stimme hören wird und die Tür auftun, zu dem werde Ich eingehen und das Abendmahl mit ihm halten und er mit Mir.'' Hier sehen wir wie in der göttlichen Ermahnung zugleich Zuruf und Zuspruch liegt. Wo die Prophetie im Geiste Jesu ausgeübt wird, wird das immer so sein.

Neutestamentliche Prophetie ist ein Evangeliumsdienst. Durch ihn wird das Verborgene des Herzens und die Liebe Gottes offenbar: ,,. . . das Verborgene seines Herzens würde offenbar, und so würde er auf sein Angesicht fallen, Gott anbeten und bekennen, daß Gott wahrhaftig in euch ist'' (1. Korinther 14, 25). Der Begriff ,,das Verborgene'' bedeutet nicht unbedingt Sünden und Verfehlungen. Es können verborgene Sehnsüchte, Fragen, verborgene Nöte sein. Aber die Offenbarung des Verborgenen soll der heilenden Begegnung mit dem lebendigen Gott dienen. Sie soll nicht einen verzweifelten Menschen zurücklassen, sondern einen anbetenden!

So war es bei Jesu Begegnung mit Nathanael. Jesus konnte ihm sagen: ,,Als du unter dem Feigenbaum warst, sah Ich dich" (Johannes 1, 48). Dieser Ausspruch genügte, Nathanael zu dem entscheidenden Bekenntnis zu veranlassen. Gewiß spielte hier Jesus nicht auf eine Sünde an. Was unter dem Feigenbaum passierte, wissen wir nicht. Vielleicht hat Nathanael Gott gebeten, ihn zu dem Messias zu leiten, oder ihm zu helfen, Ihn zu erkennen. Die prophetische Rede Jesu ließ ihn auf sein Angesicht fallen und Gott anbeten.

Wir haben viele Menschen, die so sehr in Fragen, Problemen und Sünden verstrickt sind, daß sie selber nicht herausfinden. Wie hilfreich ist da der Zuspruch der Prophetie. Ungläubige und Laien brauchen Hilfe zum Glauben und Zuspruch zur Heilung. Zusprüche brauchen auch die Glieder der Gemeinden. Ich wäre wahrscheinlich nicht mehr im Dienst, wenn ich nicht in entscheidenden Krisensituationen durch einen prophetischen Zuspruch in der Treue zur Berufung bestärkt worden wäre.

Zum Zuspruch gehört natürlich auch der Bußruf. In den Sendschreiben finden wir die Aufforderung: ,,Tue Buße!" Aber Buße ist nicht das Zerstören, sondern das Befreien der geistlichen Persönlichkeit. Gottes Güte leitet zur Buße, erpreßt sie aber nicht. Nie spielt der Geist Gottes die Rolle eines Diktators oder Erpressers. Alle Versuche, durch Gebrauch eines Charismas Bekenntnisse zu erpressen, sind ungeistlich.

Die Prophetie steht auch — drittens — im Dienst der *Tröstung*. Viel mehr Menschen haben Tröstung nötig, als wir meinen. Dem Glaubensleben ist Tröstung förderlicher als Drohung. Wer einmal in der Seelsorge Trost spenden sollte, weiß, wie hilflos man sein kann. Es gibt Fälle, da spüren wir alle: Wenn Gott nicht tröstet, dann gehen wir zugrunde. Auch durch die Prophetie gibt Gott selbst uns Handreichung als ,,der Gott allen Trostes" (2. Korinther 1, 3). Anfechtungen, Leiden und unverständliche Führungen bekommen Licht durch diesen Dienst.

Gott hat nirgendwo zugesagt, uns auf rosigen Straßen zu führen. Die Bibel sagt zwar: ,,Alle Dinge wirken mit zum Guten bei denen, die Gott lieben", aber sie sagt nicht: ,,Alle Dinge sind gut." Es gibt manche harten Dinge, die uns begegnen können. Erst hinterher erkennt man, daß sie doch zum Guten dienten. Doch auf den harten Wegen will Gott trösten.

ZUKUNFTSPROPHETIE ALS
SEELSORGERLICHE HANDREICHUNG

Auch mögliche Zukunftsprophetien müssen wir in dem Licht des Generalauftrages dieses Charismas sehen. Sie sind nicht dafür da, Schrecken und Zukunftsangst unter den Gläubigen zu verbreiten. Oft hört man Prophetien und auch prophetische Deutungen der Heiligen Schrift in dieser Weise: ,,Wehe, wehe, wehe! Alles ist schlimm und wird noch schlimmer!" Es ist wahr: Es ist schlimm und wird noch schlimmer, aber es gibt keine Lage, die der Kontrolle Gottes entgleiten könnte. Die Welt kann Gott nicht aus ihrer Geschichte herausdrängen. Die Gläubigen sollen gerade in schwerer Zeit die Häupter emporheben, weil sich ihre Erlösung naht. Alle dunklen Wege werden durch die Anwesenheit des Herrn erleuchtet: ,,Der Herr ist mein Licht und mein Heil; vor wem sollte ich mich fürchten?" (Psalm 27, 1).

Das prophetische Buch der Bibel, die Offenbarung, wurde bei den ersten Christen anders verstanden als vielfach heute. Ihnen galt die Offenbarung als Trostbuch. Der Trost lag in der Zentralbotschaft: Am Ende siegt der Herr! Könige treten auf und ab, aber Jesus kommt als König aller Könige. Der Antichrist tritt auf, aber Er wird ihn vernichten mit dem Hauch Seines Mundes. Die Offenbarung war ihnen ein Buch der Hoffnung und des Lobpreises des Sieges Jesu. Ihre Prophetie war ein Licht an einem dunklen Ort. Viele Teile der Offenbarung fanden Eingang in Lieder und Anbetung. Durch die Prophetie verklärte der Heilige Geist Jesus. Die Zukunftsprophetie wurde zur Seelsorge an der angefochtenen Gemeinde.

Auch im Alten Testament finden wir im Dienst der Propheten immer wieder diese grundsätzlich positiven Ausblicke der Prophetie — trotz mancher Härte. Ihre Hauptbotschaft lautete: ,,Tröstet, tröstet mein Volk. Redet mit Jerusalem freundlich" (Jesaja 40, 1). Wir spüren bei allen prophetischen Büchern, wie Gott um den Menschen ringt und ihn heimholen möchte in Seinen Frieden.

PROPHETIE — EINE NOTWENDIGE GEISTESGABE

Die Prophetie ist eine so wichtige Gabe, daß die Unterdrückung oder Nichtförderung des prophetischen Dienstes die Grabschaufel für das geistliche Leben der Gemeinde werden kann.

Sowohl im Alten wie auch im Neuen Testament wird die Prophetie als eine wichtige Handreichung angesehen. Sprüche 29, 18 heißt es: ,,Wo keine Weissagung (»Wo keine Prophetie ist«, wörtlich: »Wo kein Gesicht ist«) ist, wird das Volk wild und wüst." Wer von uns wünscht sich ein verwildertes Gottesvolk? Die situationsentsprechende Direktheit des Dienstes der Prophetie erbaut und fördert das geistliche Leben. Mose wünscht diese Ausrüstung allem Volk des Herrn: ,,Wollte Gott, daß alle im Volk des Herrn Propheten wären und der Herr Seinen Geist über sie kommen ließe" (4. Mose 11, 28 + 29). Ihm ging es nicht um die Bewahrung einer Sonderstellung, sondern um den Reichtum der Prophetie zum Wohle des ganzen Gottesvolkes. Dieser Wunsch wurde im Alten Testament nie wahr.

Paulus scheint Mose gut verstanden zu haben, wenn er in 1. Korinther 14, 3—5 sagt: ,,... aber noch viel mehr, daß ihr alle prophetisch reden könntet ... Wer aber prophezeit, erbaut die Gemeinde."

Im Alten Testament wird die Zeit eines geistlichen Niedergangs mit dem Rückgang der Prophetie in Verbindung gebracht. ,,Es war wenig Prophetie im Lande, und das Wort des Herrn war teuer zur selben Zeit" (1. Samuel 3, 1). Mangel an Prophetie ist nicht etwa ein geistlicher Reifezustand, wie manche behaupten, sondern es war ein geistlicher Verfallzustand.

In 1. Thessalonicher 5, 20 + 21 werden wir ermahnt: ,,Prophetisches Reden verachtet nicht. Prüfet aber alles, und das Gute behaltet." Man kann die Prophetie schon dadurch verachten, indem man sie einfach nicht beachtet. Um z. B. einen Menschen zu verachten, muß man ihn nicht beschimpfen. Es genügt schon, ihn links liegen zu lassen und nicht zu beachten.

Die Extreme bei der Stellung zur Prophetie reichen von ,,Nichtbeachten" bis zu ,,kritikloser Hörigkeit". Aber weil Prophetie so wertvoll ist, ist geistliche Prüfung ein wichtiger Dienst, um das Gute einer jeden prophetischen Äußerung festzuhalten. Die Thessalonicher-Stelle zeigt, daß in einer Prophetie Gutes und auch Wertloseres sein kann. Neutestamentliche Prophetie ist kein unfehlbares Reden. Dennoch bleibt: ,,Das Zeugnis Jesu aber ist der Geist der Prophetie." Durch den Geist der Prophetie gibt Jesus Zeugnis über uns und unsere Gemeinden. Sein Zeugnis korrigiert unser Selbstzeugnis. Es hilft uns, in dieser Welt zeugnishaft zu leben.

FORMEN PROPHETISCHER ÄUSSERUNGEN

Wenn wir nun die Frage stellen „Wie äußert sich die Prophetie?", dürfen wir nicht vergessen, daß sich in jeder inspirierten Predigt auch ein Stück Prophetie äußert. Wir wissen es alle, wie wir durch eine Predigt buchstäblich prophetisch angesprochen wurden. Das Verborgene unseres Herzens wurde offenbar. Wir sahen uns mit dem lebendigen Gott konfrontiert. Aber neben diesen prophetischen Predigten gibt es Prophetie als ein besonderes Charisma des Heiligen Geistes.

Prophetie kann sich in verschiedener Form äußern (Apostelgeschichte 2, 16—18, vgl. Joel 3, 1—3):

— durch inspirierte Gedanken und Rede
  (= kerygmatische Prophetie)
— durch Visionen in Tag- oder Nachtgesichten
  (= visionäre Prophetie)
— durch Hören einer Stimme (= auditionäre Prophetie)
— durch Auslegung der Zungenrede
  (= glossalische Prophetie)
— durch Zeichenhandlungen.

Kerygmatische Prophetie

Es gibt verschiedene Möglichkeiten, Prophetie zu empfangen. Die erste Form nenne ich die kerygmatische Prophetie. Bei ihr wird eine Botschaft durch aufleuchtende, drängende Gedanken oder durch einen Rededrang gegeben. Die Inspiration wird als Einbruch von Gedanken, Licht und Kraft erlebt. Diese Gedanken kommen von oben. Das „wie" kann man nicht ganz erklären. Aber die Gedanken, verbunden mit dem Rededrang (Auftrag!), sind Inspiration des Heiligen Geistes. Prophetie ist Weitergeben der Botschaft des Heiligen Geistes. Die Propheten der Bibel erklärten nicht die Inspiration, sondern sagten einfach: „Das Wort des Herrn geschah zu mir also."

Von mir selber weiß ich: Es sind plötzlich inspirierte Gedanken, die sich nicht leicht verdrängen lassen. Diese Gedanken verdichten sich zu einer Botschaft. Das ist wahrscheinlich die gewöhnlichste Form der prophetischen Rede. Sein Geist gibt auch hier Zeugnis unserem Geist und macht uns so der Botschaft und des Auftrags gewiß.

Visionäre Prophetie

Die visionäre Form der Prophetie sollten wir in

— ,,Wach-Gesichte" (Visionen) und
— ,,Nacht-Gesichte" (prophetische Träume)

unterteilen. Der Empfang einer Botschaft ist in beiden Fällen visionär.

Das griechische Wort für ,,Gesichte" — HORASIS — kommt von ,,Schauen" oder ,,Sehen" her. Visionen sind eine geistliche Schau mit einer Botschaft. Vor dem geistlichen Auge entstehen Bilder, die der Deutung bedürfen. Solche Bilder können statisch oder auch beweglich sein wie ein Film. Es können sogar sehr farbenprächtige Bilder sein. Bei dieser inneren Schau mit dem Gedankenbild gibt der Geist Gottes dann den Drang, dieses Bild der Gemeinde oder einem Christen zu sagen. Nicht immer hat der Prophet selbst die Deutung der Schau, aber er spürt den Drang, das Bild weiterzugeben. In solchen Fällen kann es sein, daß der Adressat das Bild versteht oder ein anderer die Deutung gibt.

Prophetische Nachtgesichte werden im Neuen Testament von den natürlichen Träumen sprachlich und sachlich unterschieden. Der natürliche normale Traum wird im Griechischen ENYPNION genannt, das Traumgesicht jedoch in der Regel ONAR. Göttliche Traumoffenbarungen wurden nicht einfach in den Topf ,,Träume" hineingeworfen. Obwohl sie sich psychologisch und phänomenologisch als Träume äußerten, waren sie qualitativ anders. Die Menschen verstanden: Hier spricht Gott durch Inspiration. Er teilt Menschen im Schlaf Seine Gedanken mit.

Im neutestamentlichen Heilsgeschehen haben Traumoffenbarungen eine entscheidende Rolle gespielt. Denken wir nur an die Geburtsgeschichte unseres Heilands. Maria, Josefs Braut, wird schwanger. Gott benutzt ein Traumgesicht, um dem verzweifelten Josef die Tat Gottes in Maria zu zeigen. Josef akzeptiert den Traum als göttliche Antwort und beugt sich vor Gott. Dieses Nachtgesicht muß so überzeugend als göttliches Reden erlebt worden sein, daß Josef als Mann eine menschlich so unmögliche Erklärung für die Schwangerschaft Marias annimmt.

So ist es auch heute bei göttlichen Nachtgesichten. Der Geist selber gibt unserem Geist Zeugnis, daß in diesem ,,Traum" der Herr zu uns redete. Die Inspiration des Heiligen Geistes macht sich selbst als göttliche Inspiration kund. Das ,,wie" läßt sich auch hier nicht erklären, aber mit großer Gewißheit weiß der Empfänger, wer zu ihm geredet hat.

Auditionäre Prophetie

Bei dieser Form der Prophetie meint der Prophet, deutlich eine Stimme zu hören, die ihm einen Auftrag oder eine Botschaft sagt.

Glossalische Prophetie

Diese Form nenne ich so, weil dieser Prophetie eine Zungenrede vorausgeht. Das Neue Testament zeigt, daß Zungenrede nicht nur ein Reden zu Gott, sondern auch ein Reden Gottes zu den Menschen sein kann (1. Korinther 14, 21). Die alte Kirche rechnete deswegen auch die Zungen noch zur Prophetie. Da aber die Gabe der Auslegung in diesem Buch in einem besonderen Kapitel behandelt wird, brauche ich hier nichts weiter darüber zu sagen.

Prophetie durch Zeichenhandeln

Die letzte Form sind die prophetischen Zeichenhandlungen. Wir können sie am Beispiel des Agabus sehen, der sich mit dem Gürtel des Paulus Füße und Hände band: ,,Den Mann, des der Gürtel ist, werden die Juden so binden zu Jerusalem und überantworten in der Heiden Hände'' (Apostelgeschichte 21, 11). Diese Form kommt besonders oft bei den Propheten des Alten Testaments vor.

FALSCHE ANWENDUNGEN DER PROPHETIE

Durch Unkenntnis der neutestamentlichen Prophetie und ihres Auftrages hat es manche falsche Anwendungen dieses Charismas gegeben. Die Folgen negativer Erfahrungen mit der Prophetie führt bei unreifen und ungefestigten Christen zu ihrer Ablehnung oder reservierter Haltung gegen jeden Dienst mit dieser Gabe. Falsche Anwendung bedeutet nicht auch falscher Geist oder falsche Gabe. Falsche Anwendung kann die Folge von Unkenntnis sein. Paulus schreibt an eine Gemeinde, die offensichtlich Probleme mit Geistesgaben hatte: ,,Was aber die geistlichen Gaben anbetrifft, will ich nicht, daß ihr in Unkenntnis bleibt . . .'' (1. Korinther 12, 1). Ebenso kann die falsche Anwendung die Folge von Hochmut, Herrschsucht und sonstiger ungeistlicher Gesinnung sein.

Wie wir festgestellt haben, ist das Aufgabengebiet der neutestamentlichen Gemeindeprophetie Seelsorge. Jede Anwendung und Deutung, die diese Leitlinie verletzt, ist falsch.

Einige Beispiele für Mißgriffe:

a) Prophetie ist nicht Hilfe in geschäftlichen Entscheidungen.

b) Prophetie ist nicht ein Mittel zur Heiratsvermittlung.

c) Prophetie ist auch kein Weg zur Ämterberufung oder Gemeindeleitung. Für Ämterberufung durch Prophetie wird oft Apostelgeschichte 13, 1—6 zitiert. Aber hier handelt es sich nicht um eine Berufung, sondern um Aussendung zweier Berufener zu dem Werk, zu dem sie berufen wurden. Pauli Berufung z. B. war schon bei seiner Bekehrung! Barnabas war damals bereits aktiv im Dienst.

d) Prophetie darf nie einer Bekenntniserpressung dienen. Die „Offenbarung des Verborgenen" muß so geschehen, daß ein Bekenntnis leicht, aber ebenso ein Nichtbekennen möglich ist. Wo der Geist des Herrn ist, da ist Freiheit!

e) Prophetie sollte nicht als Krankheitsdiagnose Anwendung finden.

f) Prophetie darf die Gläubigen nicht in falsche Abhängigkeit bringen (z. B. Lebensberatung durch Propheten, Geschäft, persönliche Zukunftsentscheidungen usw.). Gläubige sollen nie die Propheten fragen, um ihren Dienst nicht auf das Niveau „geistlicher Wahrsagung" zu erniedrigen. Christen fragen den Herrn und überlassen Ihm das „wie" einer Antwort. Neutestamentliche Prophetie ist nicht abfragbar.

g) Durch Prophetie dürfen Christen nicht gezwungen werden, gewisse Summen Geld zu spenden oder ihren Besitz zu verkaufen.

h) Prophetie sollte nie in persönlichen Streitfällen als Waffe gebraucht werden.

i) Prophetie darf nie das Wort Gottes verdrängen und zur Quelle für Lehren werden.

Diese Mißgriffe sind gewiß nur eine Auswahl möglicher Mißgriffe des prophetischen Dienstes. Aber an dem Generalauftrag des Charismas der Prophetie können wir leicht rechte Anwendung von falscher unterscheiden und so lernen, geistlich mit dieser Geistesgabe umzugehen.

WO ENTSTEHT PROPHETIE BEIM PROPHETEN?

Zwei Irrtümer müssen zu Beginn dieser Betrachtung geklärt werden:

Der erste Irrtum besteht darin, daß man meint, daß der Heilige Geist doch dem Propheten untertan ist. Man beruft sich dabei auf das Wort: ,,Und die Geister der Propheten sind den Propheten untertan" (1. Korinther 14, 32). Diese Ansicht ist absolut falsch. Schon immer hat der Mensch versucht, sich Gott untertan zu machen, aber er hat dann immer nur Götzen geschaffen. Gott ist Gott. Der Heilige Geist ist der Herr (2. Korinther 3, 17). Niemals wird Er dem Menschen untertan.

Der zweite Irrtum besteht darin, daß man meint, daß in der Prophetie der Geist durch den Propheten redet und dieser nur ,,Kanal" oder ,,Lautsprecher" ist. Diese Ansicht ist ebenfalls falsch. Gott hat keine Automaten, sondern Boten. Das Wort aus 1. Korinther 14, 32 hilft uns, Prophetie besser zu verstehen. Dort heißt es nicht: ,,Der Heilige Geist ist den Propheten untertan", sondern: ,,Die Geister der Propheten sind den Propheten untertan." Welcher Geist ist also dem Propheten untertan? Sein eigener Geist! In diesem Geist des Propheten entsteht durch den Heiligen Geist also Prophetie. ,,Sein Geist gibt Zeugnis unserem Geist ..." gilt auch hier! Deshalb ist es falsch, vom Charisma der Prophetie zu sagen: ,,Der Heilige Geist spricht aus dem Propheten." Es spricht der Prophet, getrieben durch den Heiligen Geist. Der Prophet hat eine Offenbarung bekommen, Gottes Geist gab sie seinem Geist. Er, als fehlbarer Mensch, gibt diesen göttlichen Gedanken mit seinen Worten weiter. Der Geist redete zum Propheten — der Prophet redet nun zu den Menschen.

Wir müssen zwischen Empfang im Geist des Menschen und Wiedergabe durch den Menschen, getrieben durch den Heiligen Geist, unterscheiden. Weil es der Prophet ist, der in seinem Geist die Botschaft und den Auftrag empfängt, kann er auch Art und Zeitpunkt der Wiedergabe bestimmen. Manchmal haben Gläubige ihre prophetischen Äußerungen mitten in die Predigt gebracht. Das war gewöhnlich nicht nützlich und oft schädlich. Man ließ dem Prediger nicht die Zeit zur Lehre: ,,Der eine habe eine Lehre, der andere eine Offenbarung." Es gilt, ein geistliches Gespür zu bekommen für die vom Heiligen Geist gewollte Zeit. Dann wird die geistliche Wirkung größer. Prophetisches Reden soll die Verkündigung des Wortes Gottes begleiten, aber nicht unterbrechen, hindern oder verdrängen.

Solche Mißgriffe kommen aus dem Mißverständnis, man müsse

in dem Moment, in dem der Heilige Geist eine Botschaft gibt, sie sofort weitergeben. Doch hinter dieser Ansicht steht eine falsche Vorstellung, die das Zusammenwirken von Gottesgeist und Menschengeist übersieht. Propheten sind keine Redeautomaten, sondern Botschafter mit eigener Verantwortung und Entscheidungsfreiheit. Eine mechanische Vorstellung von neutestamentlicher Prophetie ist mehr in der Nähe des Spiritismus als in der biblischen Offenbarungswelt zu finden.

Der Prophet ist Bote, der eine Botschaft empfängt und diese wiedergibt. Er ist für ihre Wiedergabe mitverantwortlich. Er kann Akzente verschieben, eigene Deutung einfließen lassen, ungeistlich damit umgehen, zum falschen Zeitpunkt reden oder sich bei der Wortwahl vergreifen. Deshalb ist es wichtig, daß ein Prophet, der in Vollmacht dienen will, das Vertrauen seiner Gemeinde hat. Wenn ein Mensch nicht vertrauenswürdig ist, etwa weil er ein Quertreiber, Unglaubwürdiger, hochmütiger Kritiker oder Streithammel ist, kann sein prophetischer Dienst nicht abgenommen werden. Um den bevollmächtigten Dienst der Prophetie zu fördern, muß der Prophet lauter und vertrauenswürdig sein. Er muß den Herrn und Seine Gemeinde lieben, zur Wahrheit der Bibel stehen, sein eigenes Leben selbst unter das Wort Gottes stellen und sich auch korrigieren lassen.

Weil Prophetie im Geiste des Propheten entsteht, spricht in der Wiedergabe der Mensch, getrieben durch den Heiligen Geist. Dabei kann ihm auch Menschliches, bis hin zu Sprachfehlern, unterlaufen. Deshalb schreibt Paulus: ,,Prüfet alles, und das Gute behaltet.''

Die Inspiration der neutestamentlichen Gemeindeprophetie ist graduell stark verschieden von der Inspiration der Bibel. Hier war volle, irrtumsfreie Inspiration. In der Gemeindeprophetie, die der Seelsorge dient, kann ein Prophet Fehler machen. So sagen z. B. sprachliche Fehler nichts über die Echtheit der Inspiration. Der Prophet gibt ja nach seinem Vermögen wieder, was der Geist Gottes in seinen Geist gelegt hat. Er selber ist nur Bote — vielleicht ein Bote, der nicht gut Deutsch kann. Aber als Bote des Geistes Gottes verdient seine Botschaft Gehör und aufrichtige geistliche Prüfung.

Das geistliche Prinzip von Empfang und Wiedergabe können wir sehr gut an einem Nachtgesicht studieren. Der Empfang geschieht im Geist des Propheten. Er kann über den Zeitpunkt der Wiedergabe bestimmen, kann schon seine eigene Meinung als Deutung einfließen lassen, etwas weglassen oder hinzutun. Für die Wiedergabe trägt er die Verantwortung und unterliegt der Prüfung. Er redet aus der Vollmacht der Inspiration — die Gemeinde prüft aus der Vollmacht des Leibes Christi.

Die Gabe der Prophetie läßt zwei Wahrheiten aufleuchten:

1. Ein Mensch wird von Gott in den Dienst genommen. Trotz allem Wissen um menschliches Versagen tut Gott so etwas. Das ist ungeheuer groß und adelt jeden Christen. Läßt Gott nicht auch Sein unfehlbares Wort durch fehlbare Menschen predigen? Liebe geht Risiken ein. Gott liebt uns wirklich. Darum sendet Er keine Engel, die an unserer Stelle das Wort predigen oder mit Charismen dienen, sondern Er gebraucht uns Menschen. Seht, welch eine Liebe! Darum laßt uns dem Herrn dienen trotz aller Mängel und Zukurzkommen. ,,Der Herr redet — wer sollte nicht Sein Prophet sein!"
2. Die Notwendigkeit des Dienstes der Prophetie muß der Gemeinde noch viel wichtiger werden. Gott gab diese Gabe, um die Gemeinde aufzubauen, zu ermutigen, zu ermahnen und zu trösten. Einer Gemeinde, der die Prophetie mangelt, fehlt ein wesentliches Stück des neutestamentlichen Zeugnisses. Wie viele Nöte und Probleme bleiben ungelöst? Wie viele Christen müssen ohne Antwort seufzen und leiden? Wie sehr wird der Bau Gottes vernachlässigt? Paulus weiß darum, deshalb schreibt er: ,,Ich möchte aber, daß ihr alle in Zungen redet, mehr aber noch, daß ihr alle prophetisch redet" (1. Korinther 14, 5). Wir alle wollen diesem dringenden Appell aus Liebe und Verantwortung folgen. Es geht um das geistliche Wohl des einzelnen und der ganzen Gemeinde.

WIE VIELE PROPHETISCHE ÄUSSERUNGEN DARF ES IN EINEM GOTTESDIENST GEBEN?

Das Neue Testament kennt keine Begrenzung! Wir lesen: ,,Wenn alle prophetisch reden und es käme..." (1. Korinther 14, 24) oder: ,,Denn ihr könnt einer nach dem anderen alle prophezeien" (1. Korinther 14, 31). Diese Aussagen widersprechen nur scheinbar 1. Korinther 14, 29: ,,Propheten lasset reden zwei oder drei..."

Paulus spricht hier nicht von prophezeienden Gemeindegliedern im allgemeinen, sondern von Propheten (griechisch PROPHE-TAIS). Nicht jeder, der mit dem Charisma der Prophetie begnadet war, war im Urchristentum deswegen schon ein Prophet. Das Urchristentum kannte nämlich ein Amt des Propheten. Diese Propheten waren sogar, wie wir es aus der alten Gemeindeordnungsvorschrift — der *Didache* — lesen können, vollzeitig bezahlte Amtsträger. Von ihnen spricht Paulus als einer Gabe für die Menschheit (Epheser 4, 11), und diese sind gleich hinter den Aposteln und vor den Lehrern von Gott in die Gemeinde gesetzt. Propheten und Lehrer dienten in den Gemeinden (Apostelgeschichte 13, 1—3). Für Paulus sind die Propheten nicht einfach Charismatiker, sondern Personen in einem charismatischen Amt.

So redet Paulus von den drei wichtigen Diensten von Personen im Amt: ,,Aufs erste die Apostel (nicht: Aposteldienste), zum zweiten die Propheten (nicht: Gaben der Prophetie) und als drittes die Lehrer (nicht: die Lehre). Danach werden nur noch Tätigkeiten (Dienste), aber keine personifizierten Ämter erwähnt (1. Korinther 12, 27 + 28).

Obwohl alle prophezeien sollen, sind nur einzelne vom Haupt in die Gemeinde gesetzte Propheten. Nicht jeder, der eine pastorale Handreichung tut, ist deswegen schon ein Pastor, so wie nicht jeder, der einmal fischt, ein Fischer von Beruf ist.

Was Paulus mit dieser Stelle sagen will, ist wohl dieses: Die ,,Amtspropheten'' (PROPHETAI) sollen den prophetischen Dienst nicht für sich allein beanspruchen. Allen prophetischen Charismen soll die Möglichkeit gegeben werden, sich zu entfalten. Auch eine ,,charismatische Hierarchie'' darf den Geist nicht dämpfen. Alle prophetisch begnadeten Gemeindeglieder sollen neben den Propheten die Möglichkeit haben, zu dienen. Die prophetischen Handreichungen müssen nur der Gemeinde zur Erbauung dienen. Wo nur noch Wiederholung von bereits Gesagtem oder ermüdende ungeistliche Langeweile auftritt, muß der Versammlungsleiter eingreifen.

Wie verhält es sich mit dem Wort:
,,Wenn einem anderen eine Offenbarung wird, schweige der
erste (Prophet)'' (1. Korinther 14, 30)?
Zunächst einmal geht dieser Schweigeappell an einen Propheten. Diese dienten oft mit sehr langen prophetischen Reden. Ihr Reden unterschied sich von einer Predigt nur durch im ,,Geiste reden'' — EN PNEUMATI LALEIN —, dem Reden aus der momentanen Inspiration anstelle der Reflexion. Reden von Stunden Dauer werden bezeugt.

Auch ich habe schon einen sehr gesegneten, etwa 40 Minuten langen, prophetischen Dienst in einer alten deutschen Pfingstgemeinde erlebt. Wenn nun jemand aus der Gemeinde (kein Prophet im Amt) eine Offenbarung (APOKALYPSIS), d. h. ein Gesicht, eine Vision, empfängt, soll der erste schweigen. Bei einem Gesicht geht oft beim Nacherzählen etwas von dem Schmelz verloren. Ein frisches Gesichtserlebnis dagegen blüht farbenprächtig.

Wer von Gott Prophetie in Visionen hat, sollte allerdings auch lernen zu warten, bis eine Schau sich völlig ausgestaltet und zu einer Botschaft wird.

PRÜFUNG DER PROPHETIE

Prüfen der Prophetie ist etwas anderes als Geisterunterscheiden. Während es beim letzteren um falschen oder Heiligen Geist geht, handelt es sich hier um Prüfung der Botschaft von Christen, die den Geist Gottes haben. Wenn die Bibel von Prüfung der prophetischen Äußerungen redet, geht sie davon aus, daß die Prophetie im Rahmen der Gemeinde geschehen ist. Dort gehört sie ja grundsätzlich hin — wie könnte sie sonst die Gemeinde erbauen! In der Regel sind die Propheten auch Glieder der Gemeinde und als geistliche Persönlichkeiten bekannt. Prophetie im intimen Kreis muß schon durch die Teilnehmer selbst geprüft werden oder muß den Verantwortlichen der Gemeinde zur Prüfung vorgelegt werden. Bei einem unbekannten, gemeindefremden Propheten ist Prüfung besonders nötig.

Die Gabe der Prophetie bedarf sowohl der Wertschätzung, wie auch der Prüfung.

Die Prüfung soll nicht nur zwischen echter und falscher Inspiration unterscheiden, sondern auch zwischen Gutem und menschlichem Beiwerk. Das lesen wir in 1. Thessalonicher 5, 19 + 20: „Den Geist löscht nicht aus. Prophetisches Reden verachtet nicht. Prüfet aber alles, das Gute haltet fest." Das Prüfen der Prophetie ist zunächst einmal ganz positiv gemeint. Die Weissagung soll geprüft werden, um aus ihr das Positive, das Wichtige, festzuhalten. Das Hauptanliegen der Prüfung ist ein Dienst der Förderung, eine Hilfe zur besseren Entfaltung der Geistesgabe.

Die Haltung des Prüfenden

Wer Prophetie geistlich prüfen will, darf kein negatives Vorurteil gegen ihren Dienst haben. Paulus mahnt: „Die Prophetie achtet nicht gering" — so die bessere Übersetzung nach dem Grundtext. „Achtet sie nicht gering" heißt doch soviel wie „verschmäht sie nicht". Der

Prüfende muß also grundsätzlich den Dienst der Prophetie für wertvoll halten — nur aus dieser Hochachtung ist er fähig, geistlich zu prüfen. Geistliche Dinge können nur in geistlich-demütiger Haltung richtig beurteilt werden. Wer die Prophetie nicht gering achtet, der wird sie beachten und in sie respektvoll hineinhören. In dieser geistlichen Haltung wird er fähig, das Gute zu erkennen und zu bewahren.

Die Christen müssen grundsätzlich einmal eine biblisch-gesunde, positive Stellung zum Dienst der Prophetie gewinnen: ,,Wer prophezeit, redet der Gemeinde zur Erbauung.'' Ebenso muß das Anliegen des Paulus in ihren Herzen brennen: ,,Trachtet zuallermeist danach, daß ihr prophezeien möget.'' Niemand kann diese Gabe recht prüfen, wenn er nicht grundsätzlich eine positive Stellung zum Dienst der Prophetie hat. Wer die Gabe gering achtet, wird durch dieses negative Vorurteil verhindert, richtig zu urteilen. Wer den Dienst der Prophetie sogar verachtet, wird so ,,prüfen'', daß er ihn abwürgt oder an den Rand drängt. Solche Prüfung betrübt den Heiligen Geist und dämpft Ihn.

Wie soll geprüft werden?
Rechte Prüfung dient dazu, das Gute zu behalten. Sie hat eine positive Aufgabe. Sie soll das ,,Gold'' aus einer prophetischen Rede heraussuchen und von der ,,Schlacke'' trennen.

Was ist ,,das Gute''? Das hier im Grundtext gebrauchte Wort wird in der griechischen Übersetzung des Alten Testaments in der Schöpfungsgeschichte gebraucht: ,,Gott sah an alles, was Er gemacht hatte, und siehe, es war *gut.*'' Gut ist also, was Licht gibt, Scheidung schafft, fruchtbar macht, Erbauung wirkt. Das Reden des Geistes in der Prophetie will solches Gute bewirken. Erbauung, Zuspruch und göttlicher Trost sind wahrhaft schöpferische und erleuchtende Handreichungen des Geistes.

Im speziellen Falle muß die Prüfung aber auch Fehler, falsche Inspiration und ungeistliche Handhabung aufdecken und korrigieren.

Der Dienst der Prüfung in der Praxis
Erstens sollte jeder Christ in der Gemeinde persönlich eine Prophetie nach dem Grundsatz prüfen: Spricht Gott zu mir? Was sagt Er mir? Was geht mich an? Durch solch persönliches Hineinhören kann der Geist Gottes wirklich das Herz erreichen. Diese Haltung entspricht der Hochachtung und der Dankbarkeit. Nur so wird die Prophetie zur geistlichen Hilfe.

Zweitens sollte bei einer Prüfung gefragt werden: Was wollte Gott durch dieses Bild oder durch diese Gedanken sagen? Was ist die Botschaft (= das Gute) und was ist menschliche Unzulänglichkeit? Es gilt zu unterscheiden zwischen der göttlichen Botschaft und der menschlichen Darbietung. Die Darbietung kann fehlerhaft sein, deshalb darf die Botschaft nicht beiseite geschoben werden. Zu solch einer Prüfung ist geistliche Reife und Gesinnung nötig. Hier kann nicht jeder Christ sofort tätig werden.

Der Dienst des Prüfens wird nach 1. Thessalonicher 5, 19 + 20 jedem gereiften Christen zugetraut. Ähnlich verhält es sich offensichtlich in 1. Korinther 14, 29: „Propheten lasset reden, zwei oder drei. Die anderen lasset urteilen." Das hier gebrauchte griechische Wort für „urteilen" ist DIAKRINO und bedeutet soviel wie „unterscheiden", „auseinanderhalten". Bei geistlicher Prüfung darf kein leichtfertiges Urteil gefällt werden. Solch ein verantwortungsvoller Dienst kann nicht einfach auf Stimmungen, Gefühlen und Eindrücken beruhen. Er bedarf fester Kriterien und objektiver Grundsätze. Schauen wir uns einmal das Neue Testament daraufhin an: Tatsächlich gibt es uns eine Reihe guter Prüfungskriterien. Diese in Kürze:

Erstes Prüfungskriterium ist der *Auftrag* der Prophetie: „Wer aber prophezeit, der redet zu den Menschen zur Erbauung und zum Zuspruch und zur Tröstung" (1. Korinther 14, 3). Die neutestamentliche Gemeinde-Weissagung muß etwas davon enthalten. Alle Prophezeiungen, die außerhalb dieses Rahmens sind, sind vom Wesen der Prophetie her abzulehnen bzw. zu korrigieren. An diesen drei Dingen, die zum wesentlichen Auftrag der Prophetie gehören, kann man prüfen, ob eine Prophetie evangeliumsgemäß ist oder nicht.

Das zweite Prüfungsmoment ist das *Wort Gottes*. Wir lesen in Römer 12, 7: „Wenn jemand prophezeit, so sei es dem Glauben gemäß." Sinngemäß heißt es: „... so sei es nach der Richtlinie des Glaubens." Die Richtlinie des Glaubens (hier im Sinne von Glaubenslehre gemeint) ist das Wort Gottes. Neutestamentliche Prophezeiungen können niemals etwas anderes sagen, als was mit den Linien der Heiligen Schrift übereinstimmt. Keine heutige Prophetie kann als Lehrquelle dienen. Die Quelle der Lehre ist einzig die Heilige Schrift.

Ein drittes Prüfungsmoment ist die *Qualität und Klarheit* der Botschaft. Es ist zu bedauern, wenn Glieder der Gemeinde in Anfangsdingen steckenbleiben. Was beim Beginn des prophetischen Dienstes zum Segen sein kann, wirkt später peinlich oder nichtssagend. Das bedeutet nicht immer, daß der Dienst der Prophetie nicht mehr aus dem Geiste Gottes ist. Aber der geistliche Stand des Charismatikers wird daran sichtbar. Wer in seiner geistlichen Entwicklung in den Anfangsgründen steckengeblieben ist, wird auch so dienen. Ein Prophet prophezeit von seinem geistlichen Standort aus. Wer selber dem Herrn entfernt lebt, bringt leicht auch solche Prophetie. Darum müßte man solch einem Propheten sagen: ,,Suche die Nähe des Herrn, du bist nicht mehr in der Gottesnähe. Deine Weissagungen werden flach und bleiben »im Vorhof« stecken. Sie führen nicht ins Heiligtum, weil sie nicht aus dem Heiligtum kommen, geschweige denn aus dem Allerheiligsten.''

Es ist wichtig, daß bei der Beurteilung unterschieden wird, ob es sich um eine schwache oder um eine schädliche Prophetie handelt. Das sind zwei ganz verschiedene Dinge. Manch eine schwache Prophetie ist zwar nicht falsch und auch nicht schädlich, aber sie ist für gereifte Christen nichtssagend. Dabei soll es ja ein Wachstum im Dienst mit einer Geistesgabe geben. Paulus sagt: ,,Vernachlässige nicht die Gnadengabe, die dir . . . gegeben wurde. Gehe damit um . . ., daß deine Fortschritte in allem offenbar werden.'' Für Paulus gibt es offensichtlich eine fortschreitende Gabenentfaltung. Durch Lernbereitschaft und treuen Dienst soll der Christ weiterkommen und sein Gabendienst wird tiefer, reicher und gesegneter. Rechter Prüfungsdienst hilft zu besserem Gabendienst und ermutigt die Schwachen. Entmutigung ist nicht ein Resultat geistlicher Prüfung.

Rechter Prüfungsdienst muß manchmal auch eine Prophetie oder einen Propheten öffentlich korrigieren. Das ist besonders dann nötig, wenn die Prophetie unbiblische und dem Auftrag fremde Elemente enthält oder in herrschsüchtiger, ungeistlicher Weise gebracht wird. Es muß aber auch dann dem Charismatiker klar werden, daß eine helfende Absicht dahinter steht. Solch eine Zurechtweisung kann z. B. geschehen, indem man sagt: Was jetzt prophezeit wurde, stimmt nicht mit dem Auftrag der Prophetie nach dem Neuen Testament überein. Die Prophetie enthielt weder Erbauung, noch Zuspruch oder Trost. Wo durch Prophetie gesetzliche Forderungen aufgestellt werden oder eine von der Schrift abweichende Lehre verkündigt bzw. befestigt wird, haben wir einen klaren Mißbrauch dieser Gabe — oder sogar die Inspiration eines falschen Geistes. Der Geist Gottes ist der Geist der Schrift und des Evangeliums. Ein Geist, der klare Lehren der Schrift für unwichtig hält oder falsche Lehren verkündet, ist nicht der Geist Gottes.

Wann muß Korrektur erfolgen?

Immer dann, wenn die Grundsätze des biblischen Auftrags der Prophetie verletzt werden oder der Dienst in ungeistlicher, liebloser, hochmütiger Weise geschieht. Wer die Gemeinde nicht achtet, darf ihr auch nicht dienen. Falsch sind auch prophetische Heiratsvermittlung, Geldforderungen, Berufsberatung und Schicksalserforschung. Wo solche falschen Dinge prophezeit werden, muß eine solche Weissagung klar zurückgewiesen werden.

Für den Dienst der Prüfung müssen Liebe und Verantwortung die treibenden Kräfte sein. Er darf nicht fleischlich, sondern nur geistlich getan werden. Nur so wird er alles prüfen und das Gute behalten.

Der rechte Dienst des Prüfens macht den Prophetendienst reifer und tiefer. Gleichzeitig hilft er der Gemeinde, in der Prophetie — trotz menschlicher Unzulänglichkeiten — das Gute zu erkennen und zu behalten. Deshalb kann der Dienst nur von reifen Christen recht getan werden. Die Dinge des Geistes müssen aus diesem Geist beurteilt werden. Wo das geschieht, wird Prüfen immer hilfreich sein. Die Gemeinde wird zur rechten Wertschätzung und Offenheit für diesen Dienst erzogen und zum Streben nach der Gabe der Prophetie angespornt. Gleichzeitig wird die Prophetie vor Mißbräuchen durch das Fleisch und vor geistlicher Fehlentwicklung bewahrt. Die Prophetie soll der Gemeinde dienen, aber sie nicht beherrschen. Sie soll neutestamentliche Gemeinde bauen helfen, aber sie nicht zerstören. Prophetie soll geistlich fördern, aber nicht frustrieren. Sie soll aufhelfen, aber nicht niederdrücken.

10. Kapitel

Die Gabe
der Geisterunterscheidung

„...einem anderen, Geister zu unterscheiden..." (1. Korinther 12, 10).

Bei der Gabe der Geisterunterscheidung handelt es sich nicht um Beurteilung von Geistesgaben — etwa der Prophetie. Prophetie muß ja beurteilt werden, um das Gute zu bewahren. Dabei geht Paulus davon aus, daß alle Propheten den Geist Gottes haben und zuverlässige Glieder der Gemeinde sind.

Anders bei der Gabe der Geisterunterscheidung: Sie soll die falschen Geister (nicht evtl. falsche Anwendung von Gaben oder falsche Deutung einer Prophetie) entlarven.

Eine liebe Frau behauptete, sie habe die Gabe der Geisterunterscheidung. Sie saß in der Versammlung, und wenn einer prophezeite, sagte sie: „Das war nicht vom Geist" oder „Das war vom Geist". Sie saß dort und verteilte Noten. Diese Frau ging dabei immer von ihren eigenen Empfindungen aus. Damit aber wurde sie das Maß, an dem alles gemessen werden mußte. Was ihr gefiel, war recht. Was ihr nicht gefiel, mußte falsch sein.

Das eigene Gefühl kann nicht der Maßstab dafür sein, ob eine Bewegung von Gott ist oder nicht. Viele Christen machen es so im großen Stil bei der Beurteilung der Pfingstbewegung: Ihre subjektiven Eindrücke wurden zum Maßstab für die Beurteilung. Der Aufbruch des Heiligen Geistes wurde abgelehnt, weil er ihnen nicht gefiel. Mir sagte ein sonst wirklich gläubiger Christ: „Das kann doch nicht vom Heiligen Geist sein. Das gefällt mir nicht, es ist mir fremd und stört mich." Im letzten war das nicht ein Richten durch den Geist, sondern ein Hochstilisieren des eigenen frommen Fleisches.

Einem Katholiken gefällt der evangelische Gottesdienst nicht — er ist ihm zu kalt und leer. Vielen Kirchenchristen gefällt der Gottesdienst einer christlichen Erweckungsgemeinde nicht. Wirkt in ihnen deshalb ein falscher Geist? Um vor solchen Fehlgriffen bewahrt zu bleiben, ist es wichtig, daß wir uns mit der Gabe der Geisterunterscheidung und ihrem Auftrag beschäftigen.

Die genaue, wörtliche Übersetzung der griechischen Bezeichnung für Geisterunterscheidung — DIAKRISIS PNEUMATON — ist: „Durchrichten der Geister". Diese Gabe nenne ich „Charisma zur Bewahrung". Durch dieses Charisma soll die Gemeinde davor bewahrt werden, falschen, verführerischen Geistern zu folgen. Vor dem Durchrichten durch den Heiligen Geist müssen alle falschen Geister offenbar werden. Die wörtliche Übersetzung „durchrichten" (DIAKRISIS) sagt mehr als unsere traditionelle Übersetzung „unterscheiden". Für die Bedeutung des Begriffes DIAKRISIS haben wir im Neuen Testament einige hilfreiche Beispiele:

Römer 14, 1: „Den Schwachen im Glauben aber nehmt auf, doch nicht zum Durchrichten zweifelhafter Fragen." Hier wird uns gezeigt, daß man dem Schwachen, dem Anfänger im Glauben, nicht zumuten soll, in allen zweifelhaften Fragen zu durchrichten und zu unterscheiden. Das weitere Kapitel zeigt uns, daß Paulus ganz konkrete moralische und praktische Lebensfragen im Auge hat, die das Christenleben betreffen. Es ist seelsorgerlich unverantwortlich, einem Anfänger oder Schwachen im Glauben zuzumuten, daß er alle diese Fragen selbst durchrichten muß, um das rechte Verhalten zu finden. Paulus hat deshalb auch den jungen Christen in seinen Briefen ganz klare Verhaltensregeln aufgelegt, auf deren Einhaltung er größten Wert legte. Er empfand sie nicht als Eingriffe in die christliche Freiheit, sondern als nötige Hilfe.

´Wie muß jemand sein, der selber unterscheiden und damit entscheiden kann? Er muß in der Nachfolge stark geworden sein. Wann ist er stark? Die Bibel sagt uns: „. . . wenn das Wort Gottes dauernd in euch wohnen bleibt." Wenn das Wort wirklich unausrottbar im Christen wohnt, kann er durch dieses Wort Entscheidungen treffen und zwischen Gut und Böse zwischen Gut und Böse, zwischen hilfreich und schädlich unterscheiden. Wer noch nicht im Worte gewurzelt ist und nur „wenn" und „aber" kennt, ist noch ein geistliches Baby oder ein geistlicher Krüppel. Er ist unfähig zu unterscheiden und zu durchrichten. Als Anfänger braucht er dringend Unterscheidungshilfe. Nur der Gereifte ist fähig, aufgrund des Wortes Angelegenheiten so durchzurichten, daß er rechte Entscheidungen fällen kann. Der Geist Gottes überspringt nie das Gesetz des Wachstums, darum brauchen die „Kindlein" und „Jünglinge" geistliche Väter.

In Hebräer 5, 14 wird wieder der Begriff DIAKRISIS gebraucht. Hier wird klar gesagt, daß „Unmündigen" dieses Durchrichten noch nicht möglich ist. Es kann nur von geistlich „Erwachsenen" getan werden, die „geübte Sinne" haben zur Durchrichtung des „Guten" wie auch des „Bösen". Geistlich gereifte Christen sollten aufgrund des Wortes Gottes praktische Verhaltensregeln dem Anfänger und Schwachen geben können, ihm aber auch zur eigenen Reife verhelfen. Sie sollten zwischen Bruder und Bruder richten können, ebenso wie zwischen wichtig und unwesentlich, Gut und Böse, zeugnishaft und irreführend, Entschiedenheit und Fanatismus.

Diese Stellen helfen uns besser zu verstehen, was der Begriff DIAKRISIS bedeutet. Dieses Durchrichten ist nicht ein leichtfertiges, gefühlsmäßiges Blitzurteil. Es ist ein Prozeß des Hörens, Abwägens und neuen Abwägens, damit es zu einer rechten Entscheidung kommt. Nach dem Neuen Testament soll diese Fähigkeit zum Durchrichten der Zeiterscheinungen und Verhaltensweisen im Prozeß des Wachstums von jedem Christen erworben werden. Die entsprechenden Entscheidungen werden vor dem Forum des Wortes Gottes bestehen können. Sie werden der geistlichen Entwicklung und dem christlichen Zeugnis dienen, statt dem Fleisch und seinem Begehren.

Nun zeigt uns die Bibel auch, wie der Christ diese Unterscheidungsfähigkeit gewinnen soll, nämlich durch die Gewohnheit. Das ist nicht etwas, wozu man von heute auf morgen kommt. Durch ständigen Umgang mit dem Worte Gottes — im Hören der Predigt und Lesen der Bibel —, durch ständiges Wirkenlassen des Heiligen Geistes und durch sorgfältiges Hinhören auf das Zeugnis treuer Christen gewinnt man diese Fähigkeit. Diese Urteilsfähigkeit kommt aus der Kenntnis und Unterordnung unter das Wort Gottes.

Dieses zeigt uns 1. Korinther 2, 13. Da wird im Grundtext das Wort SYNKRINO, d.h. „mitrichten", „miturteilen" gebraucht. Dieser Ausdruck will sagen: Christen urteilen anhand eines Maßstabes. Für uns ist es klar, daß dieser Maßstab die Bibel ist. Wir fragen immer wieder bei Gottes Wort an und lassen uns *von der Schrift her* immer wieder Licht geben. Der von der Schrift gelöste Mensch ist schon auf dem Irrweg! Entscheidungen, die einem philosophischen, religiösen oder egoistischen Maßstab entspringen, sind Quellen der Verführung. Darum: „Glaubt nicht einem jeglichen Geist, sondern prüfet die Geister, ob sie von Gott sind" (1. Johannes 4, 1).

Neben dem Maßstab der Schrift ist auch der *Maßstab der Gnade* zu beachten. Was die Gnade verdunkelt und so zum gesetzlichen

Wesen führt, ist nicht nach dem rechten Maß der Bibel gesehen. Auch dieser Maßstab der Gnade darf als Hilfe zum „Mitrichten" nicht außer acht gelassen werden.

Dann muß auch noch der *Maßstab der Erbauung* zur Beurteilung herangezogen werden. Es ist nicht alles schlecht, was uns fremd ist; aber auch nicht alles gut, was neu ist. Man sollte es immer wieder daran messen: Dient es zur Erbauung der Gemeinde? Führt es zur Gemeinde hin? Macht es Nachfolge verbindlich und gegen die Wahrheiten der Bibel treuer?

Bei allem Beurteilen sollten wir nie vergessen: Kein vorschnelles Urteil fällen oder einem Vorurteil folgen! Ein Vorurteil ist die Basis für manch ein Fehlurteil. Zusammenfassend können wir sagen, daß der aufrichtige Gläubige durch Wort und Geist, Erfahrung und geistliches Wachstum ein großes Maß an geistlichem Beurteilungsvermögen erlernen kann. Dennoch reicht alle Erfahrung nicht aus, um in jedem Fall Geister zu erkennen und zu entlarven.

Fehler oder das Gute im Dienst mit dem Charisma der Prophetie zu erkennen, kann man lernen, aber hinter einer selbst völlig richtigen Prophetie einen falschen Geist zu entdecken, dazu braucht es die Geistesgabe der Geisterunterscheidung. Diese Gabe wird zum Nutzen der Gemeinde verliehen. Durch diese Gabe wird der Geist entlarvt, der sich in falschen Propheten, Wundertätern und Verführern niedergelassen hat.

Diese falschen Geister können sich sogar als Engel des Lichts tarnen und sich aus Personen äußern, die durch heiliggemäßes Leben, Menschenliebe oder Innigkeit durchaus positiv wirken. Da ist dann die Gabe der Geisterunterscheidung von entscheidender Wichtigkeit. Denn Satan will ja nie, daß man sein wahres Wesen erkennt. Die Schrift sagt: „Er verstellt sich in einen Engel des Lichts" (2. Korinther 11, 14) und „Denn mancher falsche Christus und falsche Propheten werden aufstehen und große Zeichen und Wunder tun, so daß, wenn es möglich wäre, auch die Auserwählten verführt würden" (Matthäus 24, 24). Der große Imitator Satan ist nicht so töricht, daß er mit „Pferdefuß" und „Höllenschwefel" die Gotteskinder zu verführen sucht. Er kann in großer „Heiligkeit" und Vollmacht auftreten, um die Gotteskinder zu verführen. Das „Charisma der Bewahrung" soll der Gemeinde helfen, vor dem Einfluß falscher Geister bewahrt zu bleiben.

Es gibt eine Pluralität der Geister, darum wird hier der Plural — PNEUMATON — gebraucht. Die „Pluralität der Geister" besteht aus Gottesgeist, Engel, Dämonen und Menschengeist. Eine klare Unterscheidung ist für die Gemeinde von existenzieller Bedeutung. Gottes Geist hilft der Gemeinde, vom äußeren Schein zum inneren Sein durchzudringen und eine geistliche Vergiftung abzuwehren.

Diese Gabe dient nicht nur der Bewahrung der Gemeinde, sondern auch als Hilfe zur Befreiung. Sie hilft z. B. zu unterscheiden, ob in einem bestimmten Fall eine Besessenheit oder eine psychisch-nervliche Krankheit vorliegt. Es ist tragisch, daß man heute oft Besessenheiten behauptet, wenn jemand psychisch, geistig oder nervlich krank ist. Wenn das so einfach wäre, könnte jeder atheistische Arzt feststellen, wer besessen ist. Dann brauchten wir für solche Fälle keine Gabe der Geisterunterscheidung. Aber: ,,Geistliche Dinge müssen geistlich beurteilt werden.'' Wer ein Urteil über Geister abgeben will, kann es nur durch den Geist Gottes. Hier ist der Menschengeist voll blind. Durch eine menschlich vereinfachte Einordnung kranker Menschen unter Besessene wurde schon viel seelsorgerliches Porzellan zerschlagen. Wenn dann aller Exorzismus nicht zur heilenden Befreiung führte, wurde noch der Mangel an Vollmacht beklagt. Wer mit dem Schmiedehammer Kopfschmerzen beseitigen will, darf sich nicht wundern, daß er das Übel verschlimmert.

Um die Wichtigkeit der Gabe der Geisterunterscheidung für die heutige Zeit besser zu verstehen, sollten wir dieses Charisma im Kontext der Urgemeinde studieren. Im Heidentum, besonders im griechischen und ägyptischen Raum, gab es sehr viele Götterkulte. Bei vielen dieser Kulte gab es übersinnliche Offenbarungsträger. Es gab Propheten und Wundertäter der verschiedenen Götter. Deshalb waren diese Kulte ja auch so attraktiv. Paulus sah hinter allen Göttern Dämonen (vgl. ,,. . . daß die Heiden die Opfer, die sie darbringen, dämonischen Wesen und nicht Gott darbringen'' — 1. Korinther 10, 20).

Der Apostel Paulus hatte oft mit solchen Offenbarungen dämonischer Wunderkräfte zu tun: Denken wir nur an Simon den Zauberer, der hoch angesehen war und die Menschen mit seinen Wundern beeinflußte. Er wurde so verehrt, daß das samaritische Volk sagte: ,,Der ist die Kraft Gottes, die da groß heißt'' (Apostelgeschichte 8, 10).

Durch die Kraft des Heiligen Geistes wurden falsche Wunderkräfte entlarvt und die falschen Geister ausgetrieben. So hat z. B. Petrus bei Simon dem Zauberer trotz der Hinkehr zum Christentum die Innewohnung falscher Mächte entdeckt und diesen Mann ausgeschaltet. Er wäre gerne als „Beter" und Kraftvermittler" aufgetreten.

Wie verbreitet Okkultismus und Zauberei waren, sehen wir in Apostelgeschichte 19, 18—19: „Es kamen auch viele derer, die gläubig geworden waren, bekannten und verkündeten, was sie getrieben hatten. Viele aber, die da Zauberei getrieben hatten, brachten Bücher zusammen und verbrannten sie öffentlich..."

Wundersucht und Hunger nach geistlichen Realitäten wurden von Satan brutal ausgenutzt. Kein Mensch fühlt sich in einer nackten Innerweltlichkeit zu Hause. In jedem schlummert die Ahnung von einer überweltlichen Wirklichkeit und ein Heimweh nach ihr.

Durch die Offenbarung des Heiligen Geistes konnte die Gemeinde vor dem Einfluß falscher Geister immer wieder bewahrt werden. Selbst die für Paulus positive Prophetie konnte ihm nicht die Augen blenden, den falschen Geist zu erkennen (Apostelgeschichte 16, 16—18).

Wir erleben in unserer Zeit, wie das Interesse an okkulten und spiritistischen Dingen wieder gewaltig zunimmt. Auch eine Reihe von asiatischen Religionen, die Zugang zum Überweltlichen versprechen, finden heute bei uns großen Zulauf. Durch diese Lehren und Religionen wirken dämonische Kräfte. Dort können auch Wunder geschehen, durch die Menschen verführt werden. Ähnlich wie bei Mose und den ägyptischen Zauberern können Wunder deckungsgleich sein — und dennoch ist es nicht der dahinter stehende Geist. Aber Gottes Geist besiegte den Einfluß des falschen Geistes (vgl. 2. Mose 7, 12).

Um zu demonstrieren, daß Seine Macht größer ist als die des Satans, gab Gott den Aposteln und Urchristen in der Umwelt voller heidnischer, dämonischer Machttaten — die viele Menschen faszinierten und sie so blind für das Evangelium machten — sowohl die Gabe der Geisterunterscheidung als auch viele Wunder und Zeichen in der Kraft Gottes. So lesen wir: „Es geschahen aber viel Zeichen und Wunder im Volk durch der Apostel Hände (Apostelgeschichte 5, 12).

Aber Wunder als solche waren für sie kein Beweis der rechten Quelle. Nicht alles „Übersinnliche" oder „Übernatürliche" ist deswegen schon göttlich. Es gibt eben auch eine böse übernatürliche Wirklichkeit. Deshalb muß man fragen: In wessen Namen geschehen die Wunder? Zu welchem Zweck geschehen sie? Aus welchen Quellen fließen die Wunder? Führen diese Wunder zum „Wunder aller Wunder", zu Seinem Heil und Seiner Nachfolge? „Jeder Geist, der bekennt, daß Jesus Christus ins Fleisch gekommen ist, der ist von

Gott" (1. Johannes 4, 2) und „Niemand kann (im Geiste redend) Jesus einen Herrn heißen, außer durch den Heiligen Geist" (1. Korinther 12, 3).

In eine Welt der Pseudokräfte, der falschen Kräfte, sendet Gott Seine Kraft hinein und wirkt in wunderbarer Weise. Er hat deswegen für sein Evangelium nicht auf Wunder verzichtet. Er will sich durch diese als Wirklichkeit erfahren lassen. Aber weil die Gefahr der Imitation durch falsche Kräfte da ist, braucht die Gemeinde nötig die Gabe, „die Geister durchrichten" zu können.

Wer Gott heute die Wirkung von Zeichen und Wundern, die Offenbarung durch die verschiedenen Charismen abspricht, glaubt nicht „wie die Schrift sagt". Zur Zeit der Urchristen gab es noch viel mehr übersinnliche Offenbarungen. Gott hat mit überströmenden Wundern und Zeichen geantwortet und dadurch Sein Wort bekräftigt. Aber Seine Wunder und Offenbarungen wollten immer zum Heil und zur Lebensverwandlung führen.

WIE ÄUSSERT SICH DIE GABE DER GEISTERUNTERSCHEIDUNG?

In Apostelgeschichte 13, 4—12 lesen wir, wie die Apostel zwischen göttlichen und ungöttlichen Wirkungen zu unterscheiden wußten. Paulus und Barnabas waren auf Zypern. Dort trieb ein Zauberer mit Namen Elymas sein Unwesen. Die Apostel waren nicht unsicher! Sie widerstanden ihm! Gott schlug den Zauberer mit Blindheit und zeigte sich damit als der Stärkere. Dem Evangelium wurde so ein Weg gebahnt. Hier war eine Entscheidung leicht, denn Elymas diente offensichtlich einer falschen Gottheit. Sein Einfluß aber konnte nur gebrochen werden, weil Gott sich als der Mächtigere durch Sein Zeichen erwies.

Anders aber war es in Apostelgeschichte 16, 16—18. Hier wird uns von einer Wahrsagerin berichtet, die ihrem Herrn viel Geld eingebracht hat mit ihrer okkulten Fähigkeit. Sie hatte, nach dem Grundtext, einen „Python-Geist" (einen Schlangengeist). Als die Apostel kamen, prophezeite sie die Wahrheit und sprach zu Gunsten dieser Fremden: „Diese Menschen sind Knechte des allerhöchsten Gottes, die euch den Weg des Heils verkündigen!" Könnte eine Prophetie richtiger sein?

Mehrere Tage lief diese Frau den Aposteln nach und wiederholte immer wieder diese Prophetie. Paulus wurde innerlich darüber ergrimmt statt erfreut! Er ging auf die Frau zu und trieb den falschen Geist aus. Der Apostel erkannte also den bösen Geist in der Frau, obwohl die Botschaft für ihn sehr positiv und der Inhalt der Botschaft auch absolut korrekt war.

An diesem Beispiel sehen wir besonders deutlich den Wert der Geisterunterscheidung. Anhand der Weissagung allein hätte selbst ein gereifter Christ sagen müssen: ,,Diese Frau ist eine Prophetin Gottes, sie hat den Heiligen Geist!'' Aber Paulus bekam durch die Gabe der Geisterunterscheidung einen Durchblick. Er sah im Hintergrund einen Geist der alten Schlange.

Wir sehen, daß bei den Aposteln diese Erkenntnis nicht ein vorschnelles Urteil war. Gerade an der Geschichte dieser wahrsagenden Magd sehen wir, daß die Apostel zunächst nicht eingegriffen haben, sondern mehrere Male prüften und auf den Geist Gottes lauschten. Wir lesen: ,,Solches tat sie manchen Tag...'' Aber dann kam der Zeitpunkt, wo alle Unklarheiten verschwanden und Paulus in Autorität gebieten konnte. Da fuhr der Geist aus.

Was zeigt uns das? Das Wort ,,Durchrichten'' deutet einen *Prozeß* an. Das Urteil beruht nicht auf einem spontanen Eindruck, Vorurteil oder Mißtrauen. Der Heilige Geist schafft eine innere Unruhe, so daß der falsche Geist kritisch unter die Lupe genommen wird und plötzlich seine Maske verliert.

Wie kann nun die Offenbarung des Charismas der Geisterunterscheidung ablaufen? (Folgende Hinweise beruhen auf praktischen Erfahrungen.)

Die erste Stufe ist eine *innere Unruhe.* Es kommt ein geistliches Warnsignal. Der Charismatiker fällt aber noch nicht gleich sein Urteil. Er fragt sich: ,,Woher diese Unruhe, obwohl alles in Ordnung zu sein scheint? Was ist los?'' Darauf wird er innerlich still und lauscht auf den Geist Gottes.

Darum nenne ich die zweite Stufe: *Inneres Abwägen und Fragen.* Dieses muß im Geiste geschehen! Dazu gehört eine Portion Selbstkritik. Man muß sich ehrlich fragen: ,,Ist mir dieser Mensch unsympathisch oder gefällt mir seine Art nicht?''

Die dritte Stufe ist der *Erhalt der göttlichen Gewißheit* durch den Geist. Oft ist dieses verbunden mit einer Vision oder einem Einblick in das Verborgene des Herzens.

Die vierte Stufe ist dann *die Entlarvung und die Ausscheidung* des falschen Geistes.

Der geistliche Prozeß wird eingeleitet mit dem Impuls des Geistes und beendet mit der Offenbarung und Trennung. Er wird immer so enden, daß Gottes Sache und Seine Wahrheit siegen und Sein Volk vor dem Einbrechen falscher Mächte bewahrt wird.

Warum haben die Apostel nicht positive Empfehlungen von Pseudocharismatikern klug für ihren Vorteil ausgenützt? Nehmen wir das Beispiel der ,,prophezeienden" Magd. Hätte der Apostel sich auf ihre Prophetie berufen, würde er ihr eine Empfehlung für die Gemeinde ausgestellt haben. Sie wäre wohl in die Gemeinde gekommen, und ins Fundament der Gemeinde wäre ,,eine Bombe mit Zeitzünder" gelegt. Später, nach dem Weggang der Apostel, hätte sie mit ihrem heidnisch-dämonischen Offenbarungsgeist die Gemeinde verführen und ruinieren können. Nicht jeder, der vom ,,wahren Gott" spricht, dient Ihm auch. Naturbegabungen oder übersinnliche Offenbarungen *vor* der Erlösung durch das Blut Jesu sind immer verdächtig.

Die Magd hatte diesen ,,Prophetengeist" ehe sie mit dem Evangelium in Berührung kam. Sie war nicht bekehrt und wiedergeboren, konnte diese Gabe also nicht vom Heiligen Geist haben. Die Gaben des Heiligen Geistes sind *Gaben an Gotteskinder*, an Glieder des Leibes Christi! Diese Magd war eine Person, die über übernatürliche Kräfte verfügte ohne persönliche Beziehung zu Jesus. Dahinter stand die Schlange. Gewiß, die Apostel konnten nicht wissen, ob sie nicht zu Gott gehörte, z. B. als gläubige Jüdin oder als eine, die sich dort in Philippi bekehrte. Der Geist aber ließ sie nicht im Unklaren.

MISSTRAUEN IST NICHT GEISTERUNTERSCHEIDUNG

Wenn ein Mensch immer voller Mißtrauen und Ablehnung gegen Geisteswirken und Gaben steckt, ist er unfähig für ein geistliches Durchrichten. Er hat nicht die Gabe der Geisterunterscheidung, sondern ein fleischliches, ungeheiligtes Wesen. Mißtrauen gegen geistliche Offenbarungen ist kein Kind der göttlichen AGAPE. Jesus machte den Schriftgelehrten gerade ihr ,,Mißtrauensprinzip" zum Vorwurf.

In Süddeutschland lernte ich einen Bruder kennen, der behauptete, die Gabe der Geisterunterscheidung zu besitzen. Auf die Frage, woran er das merke, antwortete er: ,,Ich bin gegen alles skeptisch." Er war im Grund ein Gegner aller Wirkungen des Heiligen Geistes und meinte, das wäre die Gabe der Geisterunterscheidung. Ein Blick auf Paulus, der diese Gabe ohne Zweifel hatte, offenbart die Unsinnigkeit dieser Behauptung: Er war *für* Geistesgaben, befiehlt ein Eifern danach, war selbst ein begnadeter Charismatiker, und sein Dienst war von Zeichen und Wundern begleitet. Aber solche Skeptiker brauchen keine Offenbarung. Sie haben ja schon vorher über alles ein Grundsatzurteil gefällt.

Ein solcher Mensch, voll mit Vorurteilen und Kritik, ist nicht fähig, richtig zu ,,durchrichten". Voreingenommenheit ist nicht die Gabe der Geisterunterscheidung. Diese Gabe wird Menschen gegeben, die dem Wirken des Heiligen Geistes positiv gegenüberstehen und sich selbst durch andere Geistesgaben dienen lassen. So war es bei Paulus. Er ließ sich vom Geist wehren, hörte auf die Prophetie des Agabus, folgte dem Reden des Geistes in Antiochien und stand allem übernatürlichen göttlichen Wirken offen gegenüber. Er selber redete mehr in Zungen als alle, prophezeite, wirkte Wunder und Zeichen, erlebte Offenbarungen und Entzückungen. Nur wer grundsätzlich so positiv zu den Offenbarungen des Geistes Gottes steht, kann selbst ein Offenbarungsträger werden.

PRAKTISCHE BEISPIELE:

Für dieses Charisma möchte ich nun noch ein paar praktische Beispiele geben:

Am Anfang meines Dienstes in pfingstlicher Gemeindearbeit erlebte ich folgendes: Ein fremder Mann kam in unsere Versammlung. Weil er sich als Prediger ausgab, wurde er gebeten zu predigen. Während er predigte, geschah etwas Eigenartiges: Ich konnte durch den Mann hindurchsehen, als wäre er aus Glas, obwohl ich ihn deutlich vor mir sah. Hinter ihm sah ich eine andere Macht und eine schreckliche, sündenvolle Lebensweise. Wie sich hinterher herausstellte, entsprach diese Schau völlig der Wahrheit. Sofort berichtete ich den Ältesten über das Erlebnis, und wir begannen, mehrere Tage intensiv zu beten. Gott bekräftigte die Offenbarung, und wir wiesen den Mann ab. Die Gemeinde war am Anfang, und Satan wollte durch diesen Mann die Gemeinde in seine Hand bekommen.

An einem anderen Ort bekam derselbe Mann eine andere evangelikale Gemeinde in seine Hand und verführte sie in Irrlehren. Sein unmoralisches Leben umgab er noch mit einem ,,Heiligenschein". Durch den Geist Gottes wurde unsere Gemeinde vor dieser Katastrophe bewahrt.

Um mit solch einer Gabe dienen zu können, ist das Vertrauen der Gemeinde unbedingt nötig. Wer der Gemeinde dienen will, muß sich als gemeindeförderndes, treues Glied erwiesen haben. Nur wer sich selbst unter die Zurechtweisung des Geistes stellt, verbindlich der Gemeinde angehört, die Wahrheit liebt und Jesus gefallen möchte, gewinnt eine solche Autorität, daß er selbst in solcher Offenbarung dienen kann.

Ein anderes Beispiel: Ein Prediger erzählte folgende Erfahrung: Eines Nachts hatte er ein eigenartiges Traumgesicht. Er sah eine noch unbekannte Situation in seiner Gemeinde. Ein Mann kam herein, der große Jesusähnlichkeit und Liebe ausstrahlte und dem die Gemeindeglieder immer mehr anhingen. Dieser Mann schob allmählich den Bruder von der Kanzel. Plötzlich sieht unser Bruder, wie etwas ganz anderes aus diesem Mann herausscheint. Alle Jesusähnlichkeit verschwand. Unser Bruder sieht sich im Geist aufspringen und rufen: ,,Was hältst du von Jesus Christus?'' Ihm wurde dabei eine Art Flammenwerfer gegeben, dessen Strahl er auf den anderen richtete. Dem fällt die ganze Maske ab, und er ruft: ,,Jesus war auch nur ein Mensch. Was geht uns Jesus an!'' Diese geistliche Schau erzählte er der Gemeinde. Aber die Warnung wurde schnell vergessen.

Nicht lange danach kam ein Mann, der kurz vorher aus der DDR gekommen war, in ihre Versammlung. Ganz bescheiden nahm er Platz nahe beim Ausgang. Er kam wieder, war immer nett und freundlich. Er machte einen wirklich abgeklärten und jesusähnlichen Eindruck. Wenn er betete, schien jedes seiner Worte Gold zu enthalten. Nebenbei erfuhr man, daß dieser nette Mann Dreiviertel seines Einkommens in die DDR schickte, um bedürftigen Verwandten und Freunden zu helfen. Diese Selbstlosigkeit imponierte. Man bat ihn, ein Zeugnis zu sagen. Es gefiel der Gemeinde. Etwas später forderte man ihn zum Predigen auf. Seine Art zu reden machte großen Eindruck. Bald schätzte man den Mann mehr als den eigenen Pastor.

Dieser aber bekam ein unheimliches Unbehagen. War es nur Neid? Er prüfte sich ehrlich und beugte sich vor Gott. Und dann kam ein Morgen, da kam eine massive innere Warnung in den Geist des Pastors: Er wußte, etwas Schreckliches kommt — aber nicht, was es sein könnte. Ein Unglück? Ein Trauerfall in der Gemeinde? Oder der Abfall eines Gläubigen?

Die Predigt zum Abendmahlsgottesdienst sollte an diesem Sonntag der neue ,,Bruder'' halten. Er sprach über einen Text aus dem Alten Testament: ,,Ihr seid lange genug an diesem Berge gewesen..." (5. Mose 1, 6). Er deutete ihn so: Dieser Berg ist Golgatha. Wie lange wollt ihr euch noch um Golgatha drehen? Das Blut von Golgatha ist in den Sand geronnen. Wie lange wollt ihr noch um diesen Berg herumziehen? Ihr seid lange genug an diesem Berg gewesen, ihr müßt weitergehen. Dazwischen aber machte er ganz positive Evangeliumsaussagen. Mißverstand der Pastor nur sein Anliegen? Plötzlich kam in seinen Geist das innere Warnsignal, das er zunächst unterdrückte. Aber als der andere dann weiterredete, kam eine Aufforderung Gottes. Er sprang auf und fragte den Mann: ,,Im Namen meines Herrn frage ich dich: Was hältst du von Jesus Christus?" Da verzerrte sich dessen Gesicht, und er sagte: ,,Ja, was heißt Jesus Christus? Der war auch nur ein Mensch. Wir dürfen nicht nur von Jesus reden, wir müssen auch auf Krishna achten und Buddha und..." Plötzlich fing er an zu zucken. Der Geist in ihm offenbarte sich. Er war ein Anhänger einer besonderen Art von Theosophie.

Beinahe hätte er der Gemeinde zur Verführung gedient. Aber der Geist Gottes enthüllte den falschen Geist. Selbst sein vorbildliches Leben war kein Zeugnis von Christi Erlösung.

Ähnliches haben wir am Anfang in einer unserer Arbeiten erlebt. Eine neue Person kam in die Gemeinde und galt bald als die geistliche Säule. Ein Bruder wurde zu Hause beunruhigt. Ja, warum? Er hatte gerade vorher einen so positiven Brief über die Gemeinde erhalten, worin stand, daß jetzt jemand mit der Gabe der Prophetie diente und Gott reich segnete. Er hat nach Erhalt des Briefes Gott unter Tränen gedankt, weil er darin eine Erhörung seiner Gebete sah. Warum nun die Unruhe — und schließlich der innere Auftrag, die Gemeinde zu besuchen? Als er dort in die Versammlung kam, hörte er eine Frau recht nachdrücklich und erbaulich prophezeien. Er kannte die Frau nicht. Dennoch nahm die Unruhe zu. Aus der Unruhe wurde Offenbarung. Er sieht eine finstere Macht hinter ihr, springt auf und sagt: ,,Schweig, im Namen Jesu!"

Da kam heraus, daß diese Frau eine Spiritistin war. Die Gemeindeglieder waren Neulinge und so einfältig, daß sie dachten: Jeder, der Offenbarungen hat, hat den Geist Gottes. Aber der Satan verstellt sich in einen Engel des Lichts, um seine Verführung, die immer eine Abführung von Jesus Christus ist, zum Ziel zu bringen. Christen sollten bei sogenannten ,,freien Charismatikern" vorsichtig sein. Wer nicht von einer klaren Gemeinde kommt, sollte sich erst bekehren und bewähren.

Durch die Gabe der Geisterunterscheidung kann zweierlei geschehen: Der falsche Geist kann entlarvt und dem falschen Geistesträger kann geholfen werden. War es nicht so bei Paulus und der „prophezeienden" Magd? Gott will nicht nur die Gemeinde bewahren, sondern auch dem Verführten helfen.

Beides ist z. B. in Stuttgart geschehen:

Da kam in eine Konferenz in Zuffenhausen eine Person, stand dort auf und prophezeite. Die Brüder, die diesen Fall erlebten, sagten, daß an der Prophetie an sich nichts Falsches gewesen sei. Doch auf einmal gab es bei den Brüdern vorn eine Unruhe. Einer der Brüder bekam einen geistlichen Durchblick und erkannte den Geist. Er betete intensiv und besprach sich kurz mit einem erfahrenen Bruder auf der Plattform. Daran schloß sich weiteres Warten und Gebet an. Nach einigen Minuten war beiden klar, wer hinter dem „Propheten" stand. Da sprang der Bruder auf, widerstand diesem Geist und gebot zu schweigen. Nun spielte sich eine Szene ab: Die Person wurde plötzlich, wie von Furien gepackt, hin und her geschleudert. Es stellte sich heraus, daß sie ein berühmtes Medium eines spiritistischen Zirkels in Stuttgart war.

Der Teufel weiß: Wo an Übersinnliches geglaubt wird, da kann er versuchen, auch seine Fühler auszustrecken. Wo man nicht mehr an übernatürliche Offenbarungen glaubt, hat die Versuchung des Feindes allerdings schon viel erreicht. Wer nicht an die Möglichkeit göttlicher Offenbarung nach der Schrift glaubt, macht Gott zu einem toten Gott. Im vorliegenden Fall beteten die Brüder und erlebten Befreiung dieser Person durch Jesus.

Ein zweiter Fall geschah mit einem Mann, den ich später persönlich kennenlernte, der ebenfalls frei wurde. Dieser Mann war „Lehrer vom Stuhl" der Hochgrad-Freimaurer. Er war Werkzeug eines falschen Geistes, hat dies aber selbst nicht gewußt. Er war tiefgeistig, fühlte sich von den Gottesdiensten angezogen und kam in eine Zeltversammlung. Einer der Brüder wird vom Geist getrieben, ihm etwas zu sagen. In diesem Augenblick wird der Mann ohne äußere Einwirkung hin und her geschleudert. Die Brüder nahmen ihn sofort beiseite und beteten mit ihm. Er selbst berichtete mir, daß er buchstäblich in die Luft gehoben wurde, als man mit ihm betete. Die Geister fuhren aus. Er ist frei geworden.

Wir sollten in vermehrtem Maße hungrig sein nach Offenbarungen des Herrn. Aber wir wollen nicht, was nicht den Herrn zur Quelle hat. Aus dieser Quelle wollen wir trinken. Das Kreuz von Golgatha wollen wir erhöhen. Unseren Heiland wollen wir verherrlichen.

Aber weil wir wissen, daß der Satan in unserer Zeit in besonderem Maße versucht, viele zu verführen und auch in der Gemeinde Unheil zu stiften, brauchen wir mehr als je auch die Gabe der Geisterunterscheidung.

11. Kapitel

Die Gabe des Zungenredens

Bei dem Charisma der Zungenrede möchte ich von 1. Korinther 14, 1 + 2 ausgehen: „Strebet eifrig nach der Liebe. Eifert aber nach den geistlichen Gaben, besonders daß ihr prophezeit. Denn wer in Zungen redet, der redet nicht zu Menschen, sondern zu Gott, denn niemand versteht es; im Geist aber redet er Geheimnisse."

IST DAS CHARISMA DER ZUNGENREDE DIE KLEINSTE ALLER GABEN?

Das weltweite Aufbrechen des Charismas der Zungenrede in unserem Jahrhundert hat verschiedene Beurteilung gefunden. Die Skala ist dabei sehr weit gespannt. Die einen sagen, Zungenrede sei die kleinste aller Gaben. Andere halten sie fast für die größte aller Charismen: Wer sie nicht hat, ist noch gar kein richtiger Christ. Einige lehnten diese Gabe als dämonisch ab, die anderen bejubelten sie als göttliches Geschenk. Heute ist die Beurteilung im allgemeinen sachlicher geworden. Dennoch sind sich die Christen in der Wertschätzung der Gabe immer noch nicht einig.

Das Argument, die Gabe der Zungenrede wäre die kleinste aller Gaben, kann sich nicht auf das Neue Testament berufen. Die Begründung dieser Abwertung zur kleinsten Gabe sieht man in der Aufzählung der Geistesgaben in 1. Korinther 12, wo die Zungenrede an letzter Stelle erwähnt wird. Wenn dieses Argument stimmen soll, müßte man sagen, daß die Liebe die kleinste geistliche Lebensäußerung ist, denn in 1. Korinther 13, 13 wird die Liebe an letzter Stelle erwähnt: „So aber bleiben Glaube, Hoffnung, Liebe, diese drei..." Aber genau das Gegenteil ist richtig.

Die Reihenfolge ist als Wertmesser untauglich, denn in Markus 16, 17 + 18 steht das Zungenreden nicht an letzter, sondern an zweiter Stelle. Und selbst in 1. Korinther 12 steht das Zungenreden nicht an letzter Stelle, sondern die Gabe der Auslegung der Zungen, die nach Paulus eine wichtige und erstrebenswerte Gabe ist. Paulus versucht nicht, das Zungenreden abzuwerten — er selber bediente sich dankbar dieser Gabe —, sondern es richtig einzuordnen.

Offensichtlich wurde die Gabe der Zungenrede in Korinth mißverstanden. Wahrscheinlich versuchten die Korinther, in Zungen zu predigen und zu unterweisen (vgl. 1. Korinther 14, 6.19.20). Überall, wo Paulus sich kritisch mit dem Zungenreden auseinandersetzt, haben wir demzufolge den Hintergrund des Mißbrauchs zu beachten. Man schien sogar in Zungen evangelisieren zu wollen, um den Ungläubigen und Laien dadurch zur Umkehr zu leiten. Paulus macht klar, daß Zungenrede ohne Auslegung in der Regel nur als Reden zu Gott sinnvoll ist. Die Meinung, Zungenrede würde von den Menschen durch den Geist schon verstanden, mag durch ein Mißverstehen des Pfingstberichtes entstanden sein. Paulus zeigt, daß 10 000 Worte in Zungen weniger Wert in der Unterweisung und Lehre haben, als fünf Worte mit dem Verstand. Zu Menschen kann man nur verständlich in ihrer Sprache reden, zu Gott aber in jeder Sprache.

ZUNGENREDE, EINE GNADENGABE DES GEBETS

Das Zungenreden ist nicht eine geringe Gabe. Ihr besonderer Wert liegt im Gebet: ,,Wer in Zungen redet, der redet nicht zu Menschen, sondern zu Gott.'' Die Gabe der Zungenrede abwerten, hieße auch Reden zu Gott (= Beten) abzuwerten. Weil aber das Gebet wichtig ist, kann eine Gabe, die speziell dem Gebet gewidmet ist, nicht ,,die geringste Gabe'' sein.

Die Christenheit muß wieder den Wert der Anbetung und des Gebets entdecken. Heute zählen immer weltliche Aktionen mehr als Anbetung. Soziales Engagement hat einen höheren Stellenwert als geistliche Verbindung mit dem Herrn. Ein menschlich-orientiertes Nutzen-Denken bestimmt die Wertschätzung: Was dem Menschen greifbar nützt, nur das ist gut und nötig. Gebet gilt da leicht als ,,Flucht aus der Wirklichkeit''. Solche Christen müssen sich schon die Frage gefallen lassen, ob Gott für sie keine Wirklichkeit ist. Bei einem verweltlichten Christsein verlieren wir das Verständnis für Spiritualität und das Verhältnis zu Gott. Wer die Bibel kennt, weiß, daß

Gott loben, Ihn verherrlichen und Ihn preisen eine wichtige geistliche Lebensfunktion ist. In der Anbetung kommt der Mensch von allen egoistischen Motiven, die ihn selbst bis ins Gebet verfolgen, los. Er erlebt eine Befreiung vom „Ich", während er sich ganz in Gott verliert. Gottes Geist will uns helfen, wieder diese geistliche Dimension zu gewinnen.

Eines ist wahr: Was ein Mensch verehrt und was ihn zum Preisen anregt, bestimmt auch sein Leben und sein Denken. Das gilt auch für den Lobpreis in neuen Zungen: „Wer in Zungen redet, der erbaut sich selbst" (1. Korinther 14, 4). Die innere Ausrichtung auf Gott bleibt nicht ohne Folgen im praktischen Leben. Wer Gott an die erste Stelle setzt, erlebt nicht nur die Befreiung von den Götzen dieser Welt, sondern auch die Befreiung von seinen eigenen Verkrampfungen.

Die Gabe der Zungenrede ist ein Stück Wiedereinbringung des Paradieses. Adam hat nie sprechen lernen müssen. Als Gott ihn mit Seinem Geist anblies, konnte er sprechen. Er gab im Auftrag Gottes den Tieren Namen und gebrauchte diese Fähigkeit zum Gespräch mit Gott. Eine gewisse Parallele zum Zungenreden ist nicht zu übersehen: Wo auch heute Menschen mit dem Heiligen Geist erfüllt werden, empfangen sie die Fähigkeit, mit Gott in einer durch den Geist gegebenen Sprache zu reden. Das Gespräch zu Gott wird zu einem Lebensbedürfnis. Gott soll ins Zentrum. Wo Gott im Mittelpunkt des Lebens ist, wird wieder ein Stück Paradies erlangt.

Friso Melzer schreibt in seinem Buch „Unsere Sprache im Lichte der Christusoffenbarung" auf den Seiten 180—183 über das Zungenreden etwa folgendes: „Der besondere Wert des Zungenredens liegt darin, daß der Mensch in einer Sprache betet, die er noch nie zum Sündigen mißbraucht hat." Wie wahr ist das doch! Selbst wenn der Beter in einer lebenden Sprache der Menschen in Zungen betet, so hat er sie doch nie zum Sündigen mißbraucht — und könnte es nicht. Um z. B. in einer Sprache zu lügen, muß man die Sprache mit dem Verstand beherrschen. Beim Zungenreden drückt sich nicht der Verstand aus, sondern der Geist (1. Korinther 14, 14).

Gewiß: Ein Mensch braucht nicht in Zungen zu reden, um Christ zu werden. Aber es ist gut, in Zungen zu reden, nachdem man Christ geworden ist. Diese Gabe ist ein großes Geschenk für das gesamte Gebetsleben und Gebetsvollmacht. Darum will Paulus in 1. Korinther 14, 5, daß alle in Zungen reden könnten: „Ich wollte, daß ihr alle in Zungen reden könntet, vielmehr noch, daß ihr weissagtet." Bei ihm nahm die Gabe der Zungenrede keinen geringen Platz ein. Er selbst redete viel in Zungen — ja ,,mehr als ihr alle'' (1. Korinther 14, 18).

ZUNGENREDEN — GEBET IM GEIST

Viele Christen, die diese Gabe haben, kennen ihren Wert und ihre Anwendungsmöglichkeiten nicht. Infolgedessen können sie diese Gabe gar nicht recht geistlich nutzen, und darum fehlt ihnen der geistliche Gewinn.

Es gibt z. B. Christen, die nur in Zungen reden, wenn sie eine Art explosives Entladungserlebnis haben. Danach wird die Gabe nicht wieder benutzt. Fragt man sie: ,,Warum redet ihr nicht mehr in Zungen?'', lautet die Antwort: ,,Solch ein Erlebnis ist nicht mehr gekommen. Wir können doch nicht in Zungen reden, wann wir wollen!'' Diese Ansicht ist falsch. Es redet ja im Zungengebet nicht der Heilige Geist aus dem Menschen — in dem Falle würde Gott sich ja selber anbeten —, sondern es betet der Geist des Menschen, dem der Heilige Geist diese Gabe gab.

Der Apostel Paulus sagt in 1. Korinther 14, 14 + 15: ,,Denn wenn ich in Zungen bete, so betet *mein* Geist, aber mein Verstand ist nicht beteiligt. Was folgt nun hieraus? Ich *will* beten mit dem Geist, aber ich will auch beten mit dem Verstand. Ich *will* lobsingen mit dem Geist, aber ich will auch lobsingen mit dem Verstand.'' Im Zungenreden betet ,,mein Geist''. Der Heilige Geist gab eine Gabe in den Geist des Menschen, die jederzeit zur Anbetung Gottes und zu den verschiedenen Gebeten verwandt werden kann. Bei allen Gebeten kann solch ein Christ vom Zungenreden Gebrauch machen. Paulus sagt: ,,Ich will ... beten mit dem Geist, und ich will ... auch beten mit dem Verstand. Ich will ... Psalmen singen mit dem Geist, und ich will ... auch Psalmen singen mit dem Verstand.'' Der Gebrauch dieser Gabe ist vom Willen des Beters abhängig. Die Gabe liegt in seinem Geist, darum kann er jederzeit wieder von ihr Gebrauch machen.

Durch Zungengebet soll Erbauung geschehen. Das ist nur möglich, wenn der Wille des Menschen nicht ausgeklammert, sondern mit eingeschlossen ist. Den Wert dieser Gabe lernt man erst durch intensives Gebetsleben kennen. Wer ihn entdeckt, mag diese Gabe nie mehr missen.

Unsere weitere Betrachtung soll die Gabe der Zungenrede als Gebetssprache zum Inhalt haben. Bei der Gabe der Auslegung werden wir auch zu Zungenbotschaften Stellung nehmen. Das Gebetsleben vollzieht sich auf verschiedenen Ebenen. In allen Gebeten kann die Zungenrede angewandt werden. Laßt sie uns nun einzeln betrachten.

ANBETUNG IN ZUNGEN

Die Gabe der Zungenrede ist u. a. eine Gabe der Anbetung. Das ist eine sehr wichtige Sache. Anbetung ist nicht Bitten, Fürbitte oder Danksagung, sondern Lobpreis Gottes um Seiner selbst willen.

In der Anbetung ist nicht der Mensch mit seinen Bedürfnissen und Erfahrungen die Ursache des Betens, sondern Gott selbst ist der Ausgangspunkt und das Ziel des Gebets. Er wird gepriesen und verherrlicht. Es geht dabei nicht um das, was Er geschenkt hat oder schenken soll, sondern um Ihn selbst. Er wird gepriesen, weil Er Gott ist. Anbetung ist das Jauchzen des Erlösten, das Gestammel seiner Liebe, weil Gott sein Gott geworden ist.

Die Christen haben die Anbetung im Laufe ihrer Geschichte verlernt. Die protestantische Vorstellung vom Gottesdienst als Predigtveranstaltung hat mit dazu beigetragen. Das Unterbewerten der Anbetung verfälschte oftmals den Gottesdienst in Intellektualismus und Philosophie. Die Tatsache der Gegenwart Christi im Heiligen Geist inmitten der Gemeinde wurde übersehen. Spontane Anbetung ging verloren. Das Preisen Gottes konnte man nicht mehr recht würdigen.

Die Gabe der Zungen soll auch dem Lobpreis Gottes dienen. Schon in Apostelgeschichte 2, 4—11 lesen wir vom Rühmen der großen Taten Gottes in neuen Zungen. Dieses Zungenreden war kein Predigen, wie Luther fälschlich übersetzte, sondern eine Verherrlichung der Taten Gottes. Später in Apostelgeschichte 10, 45—47 heißt es: „...denn sie hörten, daß sie in Zungen redeten und Gott hoch priesen..."

Mit unseren alten Zungen sind wir oft versucht, wie eine Katze uns selbst zu streicheln. Eigenruhm und Geltungsdrang sind allzumenschliche Triebe. Aber „in Zungen" können wir in das große Lob Gottes einfallen und Ihn hoch preisen.

Wenn man Gott in neuen Zungen preist und anbetet, kann man dies selbst als ungeheure Befreiung von Hemmungen und Verklemmungen erfahren. Man kommt von sich selbst los und schaut ganz auf den Herrn. Dadurch wächst der Glaube, werden Dunkelheiten erleuchtet und irdische Belastungen verlieren an Gewicht. Anbetung gibt Inspiration und Korrektur für Danksagung, Bitten, Fürbitten und Flehen. Zur Anbetung gehört auch der Lobgesang.

LOBGESANG IM GEIST

Nach 1. Korinther 14, 15 haben wir die Möglichkeit der Lobgesänge, der geistlichen Psalmen in Zungen. In der Nähe Gottes kann jederzeit die Gabe der Zungen zum Lobgesang eingesetzt werden: ,,Ich will Psalmen singen mit dem Geist..." Dieses Lobsingen in neuen Zungen ist etwas so Wunderbares, daß man sich beinahe so vorkommt, als wäre man unter die anbetende Schar im Himmel versetzt.

Seit meiner Geistestaufe redete ich in Zungen. Dann hörte ich zum erstenmal in Zungen singen. Durch diesen Lobgesang wurde mein Herz ergriffen. Von Herzen rief ich: ,,O Gott, gib mir doch auch diese Gabe, damit ich Dir lobsingen kann!"

In diesem Augenblick redete innerlich eine Stimme zu mir: ,,Ja, warum singst du denn nicht mit?" Ich dachte: ,,Wieso? Ich habe doch diese Gabe gar nicht." Gottes Geist gab mir Kindergarten-Unterricht. Es hieß in mir: ,,Wer englisch sprechen kann, kann auch englisch singen. Wenn du in Zungen reden kannst, überlasse dich doch dem Geist und probiere in Zungen zu singen." Weil ich von Natur aus keine Gabe zum Singen habe, sagte ich: ,,Herr, auf Deine Verantwortung!" und begann mitzusingen. Zu meiner Überraschung fügte sich mein Singen in die Harmonie des Lobgesangs ein. Dabei fühlte ich mich in meinem Geist von der Erde weggenommen und unter die Anbetenden vor Gottes Thron versetzt, als nähme ich am himmlischen Gottesdienst teil.

Diese Anbetung in Zungen — sowohl in Rede als auch im Gesang — hat mir oft geholfen, nach langer Autofahrt frisch und konzentriert auf die Kanzel zu steigen. Trotz aller Strapazen kam ich dennoch aus der Gegenwart Gottes. Wenn ich manchesmal eine lange Strecke fahre — selbst tausend Kilometer pro Tag sind nicht ungewöhnlich —, sage ich mir: ,,Jetzt singst du hier im Auto in neuen Zungen." Dann singe ich hinter dem Steuer in Zungen. Dadurch kommt etwas von einer anderen Wirklichkeit auf mich zu. Die Gegenwart des Herrn gibt Kraft und Salbung für den Dienst auf der

Kanzel. Es ist so, als wenn alle Hektik, Spannung und aller Nebel während des Singens zurückbleiben. Der Blick zu Gott wird wieder frei. Seine Herrlichkeit und Seine Möglichkeiten verändern einen strapaziösen Reisetag. Er gibt „Kraft in Fülle dem Unvermögenden..."

DANKSAGUNG IN ZUNGEN

Es mag manchen überraschen, daß in Zungen auch Dank gesagt werden kann. Davon lesen wir in 1. Korinther 14, 16 + 17. Das hier gebrauchte griechische Wort wird in dem Zusammenhang am besten mit „danksagen" übersetzt. Manchmal hat man soviel Segen oder besondere Hilfe von Gott empfangen, daß das Herz vor Dank überfließt. Dabei entdeckt man die Unzulänglichkeit verstandesmäßiger menschlicher Worte. Sie reichen nicht aus, das auszudrücken, was wir empfinden. Da kommt der Heilige Geist durch die Gabe der neuen Zungen zu Hilfe. Wenn wir auch nicht verstehen, was wir sagen, spüren wir dennoch innerlich, daß wir genau das ausdrücken, was unser Herz empfindet.

Danken in neuen Zungen ist mir persönlich zu einer lieben Gewohnheit geworden. Für manche Hilfe — ja selbst für eine gute Mahlzeit — habe ich schon in Zungen Gott gedankt. Danken macht froh. Diese Freude ist eine Kraftquelle für den weiteren Weg.

BITTE UND FÜRBITTE IN ZUNGEN

In 1. Korinther 14, 2 wird nicht nur von Anbetung, Lobpreis und Dank geredet, sondern ganz pauschal gesagt: „Wer in Zungen redet, der redet zu Gott." Das bedeutet, daß wir in allen Gebeten mit den unterschiedlichsten Anliegen in Zungen beten können. Fürbitte und Bitten sind eingeschlossen.

In Römer 8, 26 heißt es: „Wir wissen nicht, was wir beten sollen, wie sich's gebührt; der Geist aber vertritt uns aufs beste mit unaussprechlichem Seufzen." Das griechische Wort, das wir mit Seufzen übersetzen (STENAZO), war ein Ausdruck in der griechischen Umwelt für nichtintellektuelles Reden. Viele Ausleger sind sich darin einig, daß es ein Hinweis auf das Beten in neuen Zungen ist. Gerade in Fällen, die leidvoll bedrücken oder denen wir hilflos gegenüber stehen — nicht wissend, wie wir beten sollen —, kommt uns das nichtintellektuelle Beten in Zungen zu Hilfe.

Manchmal weiß man wirklich nicht, was man beten soll. Alles kann richtig oder falsch sein. Nur Gott weiß, wie Er eine Sache anpacken muß. Im Vertrauen auf Seine Zusagen dürfen wir im Geist Geheimnisse reden. Wir wissen zwar, wofür wir beten, aber nicht, was wir beten. Der Geist aber vertritt uns aufs beste vor Gott.

Wer in Zungen redet, redet im Geist Geheimnisse. Niemand versteht ihn (vgl. 1. Korinther 14, 2). Durch die Gabe der Zungenrede haben wir die Möglichkeit — in der Gemeinschaft mit anderen und doch unverstanden —, intime und schwierige Anliegen durchbeten zu können. Dem Nebenmann bleibt es ein Geheimnis, denn er versteht das Zungengebet nicht. Deshalb ist es ein Mißverständnis der Bibel, wenn behauptet wird, jedes Zungengebet müsse ausgelegt werden. Wie kann es dann ein Geheimnis bleiben? Das Neue Testament spricht nirgends davon, daß Fürbitten, Bitten und Bekenntnisgebete ausgelegt werden sollen. Diese Auslegungen würden auch nicht der Erbauung der Gemeinde dienen oder dem Ungläubigen helfen. Auslegung soll nur für Lobpreis und Danksagung erfolgen: ,,Wenn du lobpreist im Geist, wie soll der, der dabeisteht und begreift es nicht, das Amen sagen auf deine Danksagung, wo er doch nicht weiß, was du sagst?" (1. Korinther 14, 16). Danksagung hat natürlich einen anderen Charakter. Sie ist immer zugleich Zeugnis. Ungläubigen ist nichts so hilfreich und ein fruchtbarer Anstoß, wie ein Zeugnis von dem, was Gott getan hat. Wenn man die Taten Gottes rühmt, fängt manch ein Atheist an nachzudenken: ,,Dann gibt es doch einen lebendigen Gott."

Deshalb sollen Lobpreis und Danksagung kein Geheimnis bleiben, sondern ausgelegt werden. Die Ursache der Danksagung sollte kundgetan werden, damit der Ungläubige etwas von der Realität des lebendigen Gottes begreift und so sein ,,Amen" spricht. Da aber die Auslegung dem Zungengebet den Geheimnischarakter nimmt, kann sie nicht für jedes Gebet gefordert werden. Es ist auch nicht richtig zu sagen, daß solche Gebete ,,ins Kämmerlein" gehören. Da bedürfte es nicht des Geheimnischarakters, weil niemand da ist, der dieses Gebet verstehen könnte. Paulus denkt an Gebet in Gegenwart der anderen, wenn er sagt: ,,. . . niemand versteht ihn, denn im Geist redet er Geheimnisse."

Dazu ein persönliches Erlebnis. Während meiner Zeit als Gemeindepastor wollte ein Bruder nicht mehr in die Gemeinde kommen. Deshalb besuchte ich diesen Bruder, aber der Besuch war erfolglos. Er gab mir zu verstehen, daß er nie mehr wieder in die Gemeinde kommen würde. Als ich ihn verließ, war ich sehr traurig. Die Gemeinde hatte, wie an jedem Samstag abend, eine Gebetsstunde. Obwohl es schon spät war, ging ich mit dieser Bürde zur Gebetsstunde. In meinem Herzen war die Frage: ,,Was machst du jetzt? Kannst du der Gemeinde diese Not mitteilen?'' Der Heilige Geist wehrte: ,,Tu das nicht! Dadurch, daß du diesen Bruder mit Namen nennst und seinen Fall schilderst, gibst du ihn dem Gerede preis und entblößt ihn vor allen. Eine Rückkehr in die Gemeinde wird dadurch sehr erschwert.''

Im Herzen schrie ich: ,,Aber lieber Heiland, ich muß doch für diesen Bruder beten. Ich kann ihn doch nicht dem Teufel überlassen.'' Ich beschloß, zwar der Gemeinde nichts zu sagen, aber dennoch in der Gemeinde für ihn zu beten. Während ich in der Kapelle nach vorn ging, hieß es in meinem Herzen: ,,Warum betest du nicht für diesen Mann in Zungen?'' Das hatte ich bisher noch nie getan. Als wir niederknieten, fing ich an, für diesen Bruder in Zungen zu beten. Ich wußte nicht, was ich betete, war aber überzeugt, im Geiste richtig zu beten.

Dieses Zungengebet hatte am Anfang einen schwermütigen Klang. Es war ein ernstes Ringen bis hin zu Tränen. Plötzlich bekam ich eine andere Art von Zungenreden. Die Sprache und der Klang änderten sich. Es war jetzt ein Loben und Danken. Zunächst dachte ich: Das ist verkehrt, du darfst jetzt nicht loben und preisen, sondern mußt an die Not des Bruders denken. Aber der Versuch, in der Sprache des Ringens zu beten, kam mir gekünstelt und hohl vor. Da wurde mir innerlich klar: Dein Geist weiß mehr als dein Verstand. Eine innere Gewißheit, daß das Gebet erhört ist, kam über mich: Gott redet jetzt zu diesem Bruder, und morgen kommt er in den Gottesdienst. Der Sieg ist da!

Am nächsten Tag erlebte ich zunächst eine Enttäuschung. Bis etwa 15 Minuten nach Gottesdienstbeginn war der Bruder noch nicht in der Kapelle. Als ich aber zur Kanzel ging und mich zur Gemeinde umdrehte, war er plötzlich da. Während der Predigt wurde er so mächtig vom Wort gepackt, daß er sich nach vorn beugte und heftig zu weinen begann. Gott begegnete ihm neu — und er kam zurecht.

Möglichkeiten der bevollmächtigten Fürbitte und Bitte sind im Zungengebet eingeschlossen. Wenn wir den Wert dieser Gabe noch mehr entdecken, werden wir auch Paulus besser verstehen, wenn er sagt: ,,Ich rede mehr in Zungen als ihr alle." Er wußte eben um den Segen dieser Gabe und gebrauchte sie eifrig.

VOLLMACHTSGEBET IN ZUNGEN

Es ist erstaunlich, daß in Markus 16, 17 + 18 das Zungenreden mitten unter den Vollmachtshandlungen erwähnt wird: ,,In Meinem Namen werden sie böse Geister austreiben, in neuen Zungen reden, Schlangen vertreiben, und wenn sie etwas Tödliches trinken, wird es ihnen nicht schaden; auf Kranke werden sie die Hände legen, so wird es besser mit ihnen werden." Das ist gewiß kein Zufall. Wie ich selbst erlebt habe, ist gerade in Gebetskämpfen die Zungengabe eine ungeheure Hilfe. Kranke wurden unter Gebet in Zungen geheilt, Christen empfingen die Geistestaufe oder neue Kraft und selbst hartnäckige Fälle von Besessenheit erlebten Befreiung.

Es ist gewiß ungeistlich und falsch, jede psychische, körperliche und geistige Belastung auf Besessenheit zurückzuführen, aber ich wehre mich dagegen, die Möglichkeit der Besessenheit ins Reich der Fabel zu verweisen. Hier glaube ich dem Evangelium. Nicht Jesus irrte, als Er Besessenheit ernst nahm, sondern wir irren und lassen uns die Augen verschließen. Hier kurz zwei Fälle, bei denen ich die Vollmacht des Zungengebietens und des Zungengebetes erlebte.

Fall 1: Man brachte mir aus dem Rheinland einen jungen Mann, der offensichtlich besessen war. Obwohl selbst ungläubig, war er mit einem gläubigen Mädchen verlobt. Als das Mädchen einmal in den Gottesdienst gehen wollte, fing er an zu toben. Das Mädchen versuchte ihn zu beruhigen. Sie verließen das Haus. Draußen tobte er noch weiter, bis er plötzlich stehen blieb und sagte: ,,Siehst du nicht, da kommt Feuer aus der Erde!" Sie entgegnete: ,,Wo? Ich sehe nichts. Du spinnst!" — ,,Doch, da kommt Feuer!" In dem Moment bekam er so etwas wie einen Anfall, schlug um sich, tobte und raste und war nicht mehr zu beruhigen. Nach einer Weile klang der Anfall ab. Als bei einem Gespräch der Name ,,Jesus" erwähnt wurde, kam der Anfall wieder. In ihrer Not brachten sie diesen Mann per Auto zu mir. Das Mädchen wußte, daß Gott auch in solchen Fällen Befreiung schenken kann.

Als ich dem Mann gegenüber saß, war er ziemlich ruhig. Mitten im Gespräch sagte ich: ,,Hören sie, Jesus kann Ihnen helfen." Da passierte folgendes: Sein Gesicht fing an, sich zu entstellen, ein krampfhaftes Reißen setzte ein, ein heftiges Zucken ging durch seinen Körper, die Hände verkrampften sich, und er brüllte los. Seine Braut packte ihn und schaffte ihn in einen Nebenraum. Dort sackte er über einem Bett zusammen und fing dann wieder an, um sich zu schlagen und zu toben.

Mir wurde klar, daß es sich hier offensichtlich um eine Besessenheit handelte. Aber alles Beten und Gebieten war erfolglos. Je mehr ich betete, um so schlimmer tobte er. Je mehr ich den Sieg Jesu rühmte, um so schlimmer wurde es mit ihm. In dem Moment kam ein Impuls des Geistes Gottes: „Gebiete doch in neuen Zungen! Weißt du nicht, daß dies eine Vollmachtshandlung ist!" Als ich dann anfing, in Zungen den Mächten im Namen Jesu zu gebieten, schlug er in einer ganz eigenartigen Art um sich und kreischte auf. Gott zeigte mir ein Gesicht: Ich sah aus dem Nacken dieses Mannes etwas wie Rauch herausgehen. Daraus bildete sich eine Schattengestalt, die dann verschwand. Der Mann wurde sofort ruhig und war frei. Er ist es bis heute geblieben.

Fall 2: Ähnliches erlebte ich eine Zeit später bei einer Frau. Auch sie war besessen. Wir beteten mit ihr, doch es nützte nichts. Es war, als ob die finsteren Mächte mit uns Spott trieben. Wir sagten: „Jesus ist Sieger", und sie antworteten: „Nein, wir sind Sieger!" Es waren schreckliche Stimmen, die aus der Frau sprachen: Vom tiefsten Männerbaß bis zu einem unmöglichen, schon fast tierisch anmutenden Diskant kam alles vor.

Plötzlich fiel es mir wieder ein: „Warum gebietest du denn nicht in Zungen?" Ich hatte noch einen Gemeindeältesten dabei. Zu ihm sagte ich: „Komm, laß uns in Zungen gebieten." Kaum geboten wir im Namen Jesu in Zungen, da war es, als wenn man einen Schalter umdreht. Aus der Frau schrie es heraus: „Hört auf damit, hört auf damit, das können wir nicht ertragen." Darauf geboten wir erst recht in Zungen weiter. Die Frau wurde hochgerissen, fiel dann wieder zurück und lag auf dem Fußboden.

Ich merkte, daß sie aus dem Zahnfleisch zu bluten anfing. Mein erster Gedanke war: Sie hat sich irgendwie verletzt oder gebissen. Doch nein, denn aus allen Zähnen hinten am Zahnfleisch kamen kleine Blutfontänen heraus. Warum es so war, kann ich nicht erklären. Dazu kam ein fürchterlicher Gestank. Und dann war die Frau frei. Das ist jetzt 15 Jahre her.

Vielleicht erklärt sich ein Teil der Angriffe gegen das Zungenreden auf diesem Hintergrund. Hat der Teufel nicht alles Interesse, eine solche Gabe stinkend zu machen? Denn bei dem Vollmachtsgebet ist die Zungengabe von unschätzbarem Wert.

AUSSCHÜTTEN DES HERZENS IN ZUNGEN

Christen haben auch persönliche Probleme, Versagen und Verfehlungen. Nicht immer können sie diese vor anderen Ohren ausbreiten. Durch die Gabe der Zungen aber können sie ihr Herz vor Gott ausschütten und Heilung ihrer Seele erlangen. Psychiater haben festgestellt, daß das Psychogramm von Zungenrednern sich durch häufiges Zungenreden positiv verändert.

INNERE ERBAUUNG

Das Beten in Zungen hat gleichzeitig eine innere Auswirkung auf den Beter selbst. Die Bibel sagt: ,,Wer in Zungen redet, der erbaut sich selbst.'' Diese Tatsache möchte ich noch besonders betonen. Wir sagten schon an anderer Stelle, daß der biblische Begriff ,,Erbauung'' nicht das Schwelgen in frommen Gefühlen meint, sondern geistlichen Aufbau. Solche ,,Erbauung'' geschieht in der Förderung des Glaubenslebens, Vertiefung der Hingabe und Reifung im Christsein.

Wir sehen also, daß das Zungenreden auf vielen Gebieten des Gebetslebens und auch des eigenen Lebens zum Segen werden kann. Mit dieser Gabe wurde uns durch den Heiligen Geist mehr geschenkt, als wir meist glauben. Wir müssen uns davor hüten, das Zungenreden unterzubewerten, aber auch davor, die Zungen als die Fülle aller Gaben anzusehen.

Obwohl die Zungengabe in erster Linie eine Gabe des Gebets ist, wissen wir, daß Anbetung, Danksagung, Bitten und Flehen im Geist gleichzeitig Hilfe zu neueren und tieferen Erfahrungen ist. Darum möchte ich zu regem Gebrauch dieser Gabe ermuntern und mahnen: ,,Wehret nicht, in Zungen zu reden'' (1. Korinther 14, 39).

12. Kapitel

Die Gabe der Auslegung der Zungen

,,. . . einem anderen, die Zungen auszulegen'' (1. Korinther 12, 10).

Der Platz der Zungenrede (GLOSSOLALIA) ist sowohl das persönliche Gebetsleben als auch der Gottesdienst. Die Behauptung, Zungenrede ohne Auslegung gehöre ,,ins Kämmerlein'', wird dem Anliegen des Neuen Testaments nichts gerecht.

1. Wie können sonst Geheimnisse zu Gott gebetet werden, ohne daß ein anderer Anwesender sie versteht (1. Korinther 14, 2)? Die Übersetzung ,,Niemand hört ihn'' ist sachlich unmöglich, da Zungenrede zwar in der Regel unverständlich, aber nicht unhörbar ist.

2. Wie könnte die Zungenrede zu einem Zeichen für Ungläubige werden, wenn sie nicht auch öffentlich geäußert würde (1. Korinther 14, 22)? Diese Stelle macht deutlich, daß gerade nicht die Verstehbarkeit durch die Auslegung zum Zeichen — griechisch SEMEION — werden soll, sondern die Unverständlichkeit der Zungenrede.

3. Die Anweisung ,,Falls kein Ausleger da ist, so schweige er in der Gemeinde und rede für sich selbst zu Gott'' (1. Korinther 14, 28), kann sich unmöglich, im Widerspruch zu den anderen genannten Schriftstellen, auf ein Beten ,,im Kämmerlein'' beziehen. Erstens fehlt im Grundtext der bestimmte Artikel ,,der'', es heißt im griechischen EN EKKLESIA. Das meint wohl, daß der Zungenredner nicht zur Erbauung der Gemeinde zu derselben reden kann. Aber er soll *in* der Gemeinde zu Gott reden (d. h. beten). Die waagrechte Kommunikation ist nicht möglich, es fehlt der Ausleger, aber die senkrechte Kommunikation mit Gott darf deswegen nicht behindert werden (,,Wehret nicht, in Zungen zu reden''). ,,Und rede für sich selber zu Gott'' — griechisch HEAUTOO . . . TO THEO . . . — meint nicht *unhörbar,* denn das griechische Wort

LALEO meint eine hörbare Äußerung und „für sich selbst . . ."
bedeutet: zur eigenen Erbauung oder zum eigenen Nutzen.

4. Das Neue Testament zeigt uns, daß es mancherlei Arten von
Zungenrede gibt (griech. GENE GLOSSON in 1. Korinther
12, 10). Dieser Ausdruck weist offensichtlich auf Zungenreden
auf verschiedenen Gebieten hin (z. B. Zungenrede für Anbetung,
Lobpreis, Segnung, Danksagung, Bitte, Fürbitte und geistliche
Botschaft).

ZUNGENREDE UND ERBAUUNG DER GEMEINDE

Obwohl es auch in der Gemeinde eine „nichtintellektuelle Kommunikation" geben soll, die sich beim Zungenreden in Anbetung und
Freude am Herrn äußern kann, ebenso wie im gemeinsamen Gebets-
kampf, ist für die „intellektuelle Kommunikation" die Gabe der
Auslegung für die Erbauung der Gemeinde sehr nötig. Der Mensch
bedarf sowohl der „nichtintellektuellen" als auch der „intellektuel-
len" Kommunikation.

Wichtig zu registrieren ist, daß für Paulus nicht einfach die Verstehbarkeit wichtig ist, sondern die *Erbauung!* Ein Verstehen von
z. B. intimen Bekenntnissen, Problemen oder Fürbitten würde selten
der Erbauung dienen. Ausgelegt werden soll, was der Erbauung
dient. Paulus setzt grundsätzlich den Wert der ausgelegten Zungenrede für die Gemeinde der Prophetie gleich. Warum? Weil durch
diese Art Zungenrede ebenso zur Erbauung, zum Zuspruch und zur
Tröstung geredet werden kann.

Viele Christen behaupten nach wie vor, Zungenrede könne nur
„in die senkrechte Richtung von uns zu Gott" erfolgen (,,. . . der redet zu Gott"). Diese Meinung macht die Gleichsetzung der Wirkung
von Zungenrede und Prophetie schwer verständlich. Das Neue Testament zeigt uns aber, daß durch Zungenrede die „senkrechte Kommunikation von Gott zu uns" möglich ist: „Im Gesetz steht geschrieben: »Ich will mit fremdartigen Zungen und mit anderen Lippen zu
diesem Volk reden . . .«" (1. Korinther 14, 21). Gott will also auch
durch Zungenrede zum Volk reden. Man darf bei dieser Schriftstelle
nicht der Versuchung erliegen, sie auf natürlich verstandene fremde
Zungen zu deuten, etwa daß jemand eine Zungenrede in seiner Mut-
tersprache versteht, denn Paulus spricht ja hier von den Zungenrednern in Korinth, die in der Regel der Auslegung bedurften.

Dabei soll nicht verschwiegen werden, daß in der Geschichte der Pfingstbewegung viele Fälle von verstandenem Zungenreden vorgekommen sind. Ich selber habe sieben solcher Fälle miterlebt, wobei bei zwei Fällen ich selbst in zwei mir völlig fremden Sprachen redete — einmal in einem längeren Gebet, das andere Mal in einer ausgelegten Botschaft. Anwesende Kenner dieser Sprache haben sie gut verstanden.

Wenn Gott zu Menschen in Zungenrede sprechen will, gibt es eine Botschaft. Die Auslegung ragt dann in das Gebiet der Prophetie. In unseren Gottesdiensten ist prophetische Auslegung nicht selten. Diese dient, wie die Prophetie in ihren anderen Formen, sehr stark der Erbauung der Gemeinde. (Möglich ist, daß die Prophetie in Ephesus Auslegung der Zungenrede war — vgl. Apostelgeschichte 19, 6.)

Die Gabe der Auslegung soll auch dazu dienen, dem Unkundigen und Ungläubigen die Herrlichkeit Jesu und die Freude, Ihm zu gehören, groß zu machen. Deshalb sollten auch Lobpreis bzw. Danksagung ausgelegt werden, um in den Herzen dieser Zuhörer Verlangen nach Jesus und Seinem Heil zu wecken, ja sie zu einer Zustimmung zum Jesuszeugnis zu veranlassen.

WIE ÄUSSERT SICH DIE GABE DER ZUNGENAUSLEGUNG?

Sie äußert sich manchmal in einem geistlichen Mitgenommenwerden während der Zungenrede, so daß sich fast nahtlos die Auslegung als Fortsetzung der Zungenrede in der eigenen Sprache vollzieht. So ist z. B. das weitergehende Lobpreis- und Dankgebet oft die Auslegung des vorherigen Gebets in Zungen.

Manchmal kommen plötzlich Gedanken während der Zungenrede, die mit der Wucht einer göttlichen Inspiration einbrechen. In anderen Fällen muß der Ausleger zart in den Geist hineinlauschen, um den Impuls und die Auslegung zu vernehmen. Gottes Wirken ist sehr mannigfaltig.

GIBT ES EINE MÖGLICHKEIT FESTZUSTELLEN, OB EINE AUSLEGUNG ZUR ZUNGENREDE GEHÖRT?

Manchmal schon. Wenn z. B. eine Zungenrede lobpreisend und dankerfüllt klang (= an der Diktion und dem Klang wissen wir ja auch bei einer Fremdsprache, ob geschimpft oder liebkost wurde!) und die Auslegung dann eine Ermahnung bringt, kann sie nicht zur Zungenrede gehören, wie auch umgekehrt.

Wie kommt es überhaupt, daß solche ,,Auslegungen" vorkommen? Sind sie aus dem Fleisch? Nicht immer! Manchmal sind es eigenständige prophetische Botschaften, völlig unabhängig von der Zungenrede. Weil aber einige Gotteskinder aus Mangel an Belehrung meinen, daß jeder Botschaft eine Zungenrede vorausgehen müßte, bringen sie diese Inspiration im Anschluß einer solchen. Hier ist Belehrung nötig und auch Leitungsgnade beim Versammlungsleiter. Er muß hier liebevoll eingreifen, etwa mit den Worten: ,,Wir danken Gott für die eben geäußerte Botschaft. Sie war vom Herrn (= falls der Leiter wirklich dieses Zeugnis hat!), aber sie war nicht die Auslegung der Zungenrede. Wir wollen jetzt noch Raum geben für diese Auslegung."

Manche Charismatiker hatten schon Gewissensbisse und zweifelten an der Richtigkeit ihrer Gabe, weil sie eine andere Auslegung hatten. Das kann sich so, wie oben geschildert, verhalten, wenn die sogenannte Auslegung sich wirklich als geistlich inspirierte Rede erwies. Deshalb sollte auch der Ausleger den Mut haben, seine Auslegung zu bringen; die anderen mögen urteilen. Als Regel gilt: Auslegung und Zungenrede müssen einander entsprechen.

In diesem Zusammenhang ist es wichtig, darauf hinzuweisen, daß jeder Zungenredner selbst darum beten sollte, daß er seine eigene Zungenrede auslegen kann.

DIE GABE DES ZUNGENREDENS UND DER GOTTESDIENST

1. Zungenreden oder Sprachenreden?

Es fällt bestimmt auf, daß ich — im Gegensatz zu vielen neueren Pentecostalen — immer noch die Übersetzung ,,Zungenrede" statt ,,Sprachenrede" gebrauche. Das geschieht nicht nur aus Pietät gegen unsere pfingstliche Tradition. Paulus selber macht (im Grundtext) einen Unterschied zwischen erlernbaren Sprachen (griechisch PHONAI/PHONE, 1. Korinther 14, 10—12) und dem durch den Geist geschenkten Reden in Zungen (griechisch GLOSSAIS). Dieser Unterschied scheint ihm hilfreich gewesen zu sein. Bei „Sprachen" denkt man sofort an eine erlernbare Fähigkeit, während heute „Zungenrede" einen eindeutig religiös-geistlichen Horizont hat. Deshalb meine ich, daß wir gut beraten sind, diese sprachliche Unterscheidung beizubehalten.

2. Daß die Anwendung der Zungengabe auch im Gottesdienst stattfinden soll, steht außer Zweifel. Daß aber gerade dieses Probleme aufwirft, ebenfalls. Einige dieser Probleme will ich versuchen zu klären. So bewegt viele Christen die Frage:
Dürfen alle gleichzeitig in Zungen Gott preisen, anbeten oder zu Ihm beten? Gilt nicht auch hier die Regel 1. Korinther 14, 27 (zwei oder drei nacheinander, und einer lege es aus!)? Wenn alle (gleichzeitig!) in Zungen reden, müßten dann die Gottesdienstbesucher nicht am gesunden Verstand der Beter zweifeln?
Dieses Kapitel reglementiert offensichtlich nicht das Reden in Zungen zu Gott. Es wird sogar bei einer Regelung ausdrücklich ausgenommen (1. Korinther 14, 28). Anbetung und Gebet geschahen in der Bibel oft gemeinsam, indem jeder so betete, wie es ihm im Herzen war. Wir brauchen nur Esra 3, 12 + 13, Königsjubel des Volkes, 4. Mose 23, 21 und die Psalmen zu lesen oder heute an einem jüdisch-religiösen Fest in Israel teilzunehmen.
Ebenso zeigt das Neue Testament, daß die Urchristen gemeinsam ihre Stimme im Gebet erhoben (Apostelgeschichte 4, 24 u. a.). Beim ersten Zungenreden zu Pfingsten und später im Hause des Kornelius haben auch alle gemeinsam zugleich in Zungen gebetet. Es ist auch nicht vertretbar, in Apostelgeschichte 2 ein anderes Zungenreden zu behaupten als in Apostelgeschichte 10 und 19 oder 1. Korinther 12—14.
Gewiß steht in Apostelgeschichte 2, 4: „Sie fingen an in anderen Zungen zu reden" (LALEIN HETERAIS GLOSSAIS) und in Apostelgeschichte 10, 46, Apostelgeschichte 19, 6 sowie 1. Korinther 14, 2 nur „in Zungen reden" (GLOSSAIS LALEIN), aber Petrus erklärt in Apostelgeschichte 11, 15 das Erlebnis mit dem Zungenreden (GLOSSAIS LALEIN) völlig identisch: „genau wie bei uns am ersten Anfang..." Der Ausdruck HETERAIS GLOSSAIS, der in Apostelgeschichte 2 vorkommt, wird von Paulus auch im Blick auf

das korinthische Zungenreden übernommen (1. Korinther 14, 21). Es geht also bei dem Zungenreden um dieselbe Geistesgabe, wenn auch um verschiedene Anwendungen.

Wenn nun grundsätzlich gemeinsames Beten, Loben und Preisen biblisch gerechtfertigt ist, welchen Unterschied macht es, ob es in deutsch, englisch, verschiedenen Sprachen oder in Zungen erfolgt?

Wenn Paulus Zungenreden auf zwei bis drei begrenzt und Auslegung fordert, spricht er von einem Zungenreden, welches zur Erbauung der Gemeinde, als Zuspruch oder als Appell an den Unkundigen, dienen soll. Paulus hat mit den Worten „Wenn nun die ganze Gemeinde... und alle würden in Zungen reden..." (Vers 23) nicht ein gleichzeitiges, gemeinsames Zungenbeten abstellen wollen, denn im nächsten Vers (Vers 24) gebraucht er genau dieselben Worte, wenn er der Gemeinde den Wert der Prophetie zeigt: „Wenn aber alle prophezeien..." Gewiß empfiehlt er mit diesem Satz nicht, daß alle gemeinsam gleichzeitig prophezeien. Ebensowenig kann er mit dem Vers 23 gemeinsames gleichzeitiges Beten in Zungen abstellen wollen.

Wie er mit „alle prophezeien" an nacheinander prophezeien denkt, will er durch „alle in Zungen reden" eine Unsitte in Korinth abstellen, die offensichtlich darin bestand, daß alle in einem Gottesdienst nacheinander in Zungen redeten — ohne Auslegung — und so der Gottesdienst für den Ungläubigen nur aus unverständlichen Worten bestand. Zwar kam dann jeder zu seiner Zungenrede, aber die Gemeinde nicht zur Erbauung und der Ungläubige nicht zum Heil.

Diese Unsitte war vielleicht aufgrund eines Mißverständnisses der Zungengabe von Apostelgeschichte 2 entstanden. Man dachte, wer aufrichtig ist, wird die Zungenrede auch so verstehen. Aber 10 000 Worte in Zungen bringen immer noch weniger Unterweisung als fünf Worte mit dem Verstand. Zu Gott kann man in Zungen reden, Er versteht die Geheimnisse und Worte. Zu Menschen aber muß man in Sprachen reden, die sie verstehen.

Für Paulus gibt es die Zungenrede zum Umgang mit Gott, als Zeichen für die Ungläubigen und als Dienstgabe zur Erbauung der Gemeinde und Unkundigen. Nicht jeder hat diese Gabe zum Dienst an der Gemeinde. Das geht aus der Stelle hervor, in der Paulus von solchen Diensten redet (1. Korinther 12, 27—30). Die Gabe zum Dienst ist nicht eine andere Zungengabe, sondern ein Einsatz derselben Gabe zu einem anderen Dienst. Diese Anwendung kennt ein Reden zu der Gemeinde (was schon am Klang der Rede erkennbar ist) und darauf folgend die Auslegung zur Erbauung der Gemeinde. Sobald eine solche Zungenrede geschieht, muß die ganze Gemeinde schweigen, um zu hören und der Auslegung Raum zu geben.

Die Zungengabe trägt auch durch Segnung (EULOGES), Danksagung (EUCHARISTIA) und geistliche Lobgesänge (PSALLOI TOO PNEUMATI) zum Gottesdienst bei. Für ,,Psalmen singen im Geist" wird im Grundtext in 1. Korinther 14, 15 dasselbe Wort gebraucht wie für die geistlichen Anbetungslieder in Epheser 5, 19. Hier finden wir übrigens auch dasselbe Wort LALOUNTES, welches wir in 1. Korinther 14 für das Zungenreden finden. So dürfen wir daraus schließen, daß es sich bei den geistlichen Lobgesängen in Epheser 5, 19 auch um Zungengesänge handelt, zumal vorher die Aufforderung steht: ,,Werdet voll Geistes."

Jedenfalls soll nach der Bibel auch die Gabe der Zungenrede, ausgelegt oder unausgelegt, ihren rechten Platz zur apostolischen Vielfalt unserer Gottesdienste beitragen.

13. Kapitel

Liebe und Geistesgaben
(1. Korinther 13)

Nicht umsonst steht das Kapitel der Liebe zwischen den Kapiteln der Geistesgaben und der Anwendung einiger Geistesgaben. Die göttliche Liebe ist das Zentrum, die Drehachse für rechten Dienst und ebenso der beste Weg zum Empfang der Gaben.

Das Neue Testament kennt in der griechischen Ursprache drei verschiedene Worte für Liebe. Jedes dieser Worte beschreibt eine besondere Art der Liebe. PHILIA drückt eine Liebe aus, die durch Vorzüge und Anziehungskraft ihres Gegenstandes bzw. der geliebten Person erregt wird. Diese Liebe bedeutet so viel wie ,,Freundschaft''. Sie ist abhängig von Sympathie, ein Echo aus dem eigenen Herzen und ist auch Ausdruck für die Empfindung den eigenen Geschwistern und Eltern gegenüber, ebenso auch für die Liebe der Ehepartner.

STORGE beschreibt mehr die natürliche Liebe, die Zuwendung der Eltern zu den Kindern. Diese Liebe ist durch biologische Bindungen stark bedingt und nimmt deshalb einen niedrigeren Platz ein.

AGAPE meint eine selbstlose Liebe, die weder durch die Vorzüge ihres Gegenstandes noch durch Sympathie oder Blutsverwandtschaft bedingt ist. Sie ist kein leidenschaftliches Gefühl, sondern die Entscheidung zum unbedingten Wohlwollen. Diese Agape wird uns in dem Hohenlied der Liebe eindringlich beschrieben. Dabei fällt auf, daß Paulus weniger sagt, was Agape-Liebe ist, als was sie nicht ist und nicht tut. Was sie ist, beschreibt er in zwei Worten: Langmütig und gütig. Liebe macht also keinen kurzen Prozeß oder ist kurzatmig, Liebe will immer ihr Liebesgegenüber fördern, ihm Gutes tun, milde mit ihm umgehen.

Acht Schwerpunkte, die die Liebe nicht tut, kennzeichnen die Agape:

= Sie neidet nicht (ist nicht eifersüchtig).
= Sie ist nicht ruhmredig und prahlt nicht.

= Sie bläst sich nicht auf (sie übertreibt nicht).
= Sie benimmt sich nicht unanständig (taktlos).
= Sie sucht nicht den eigenen Vorteil.
= Sie läßt sich nicht erbittern
  (weder durch Kränkungen noch Enttäuschungen).
= Sie rechnet das Böse nicht zu (auch nicht auf!)
  und denkt nichts Böses.
= Sie freut sich nicht über Ungerechtigkeit
  (Schadenfreude ist ihr fremd!).

Mit fünf kurzen Sätzen wird uns gesagt, was die Liebe tut:

= Sie freut sich über die Wahrheit.
= Sie erträgt alles.
= Sie glaubt alles.
= Sie hofft alles.
= Sie erduldet alles.

Die Liebe vergeht niemals. Solche Liebe macht stabiles Gemeindeleben mit schwierigen und unsympathischen Menschen nicht nur
möglich, sondern zum Segen. Sie ist ein Abglanz der Liebe Gottes in
dieser Welt. Gefühle sind schwach, aber die unbedingte Entscheidung für den anderen durch die Agape schöpft aus Gottes Fülle und
Kraft. Gottes Geist gießt diese Kraft und Fähigkeit in die Herzen der
Menschen, die ihren Bankrott erkennen und Ihn darum bitten. In der
Gabe des Heiligen Geistes (Römer 5, 5) wird diese Liebe Gottes ausgegossen, um sich als Frucht des Geistes zu entfalten (Galater 5, 22).
Jesus mahnt: ,,Bleibet in Meiner Liebe" (Joh. 15, 9 + 10).
  Diese Liebe verhindert, daß Geistesgaben ungeistlich gebraucht
werden, etwa, indem sie zum Hochmut führen, als erpresserisches
Druckmittel gebraucht werden oder in den Dienst eigener Vorteile ge-
stellt werden. Die Liebe macht dankbar für den anderen, sieht in ihm
Gabe und Aufgabe. Deshalb verhindert Liebe ungeistliche Absonde-
rung und Spaltung. Gabenreichtum wird zum Segen und nicht zur
Tyrannei und zum Spaltpilz.
  Die Liebe macht durch die Gaben die Gemeinde reich und hilft
sie erbauen. Die Liebe strebt deshalb nach der Fülle der Gaben
(. . . ,,trachtet danach, daß ihr *alles* reichlich habet, zur Erbauung der
Gemeinde", 1. Korinther 14, 12). Liebe leidet unter Gabenarmut,
weil sie das Volk des Herrn Mangel leiden sieht. Darum sagt Paulus:

„Strebet nach der Liebe *und* bemüht euch eifrig um die geistlichen Gaben" (1. Korinther 14, 1).

Nur ein paar Klarstellungen und Erklärungen mißverstandener Aussagen über die Liebe.

1. Spricht Paulus nicht davon, daß die Liebe (AGAPE) die größte Geistesgabe ist, nach der wir streben sollen? Will er nicht gerade das Streben nach Gaben bremsen und das Interesse der Christen einzig auf die Liebe lenken (1. Korinther 12, 31)?

Wenn diese Stelle so zu verstehen wäre, hätte Paulus in 1. Korinther 14, 1 genau das Gegenteil gesagt. Paulus nennt die Liebe nirgends eine *Geistesgabe*. Wenn Paulus die Liebe als die größte Geistesgabe gemeint hätte, müßte 1. Korinther 12, 31 stehen: „Eifert aber um die größere Gnaden*gabe*", CHARISMA (Einzahl!). Aber es steht:

„Eifert aber um die größeren Gnaden*gaben*, CHARISMATA (also in der Mehrzahl). Hier sind von ihm Gaben nach der zuvor beschriebenen Art gemeint.

Die Liebe ist für Paulus keine Alternative zu den Gaben, sondern der beste Weg zum Empfang und zum Dienst. Gaben dürfen nicht zum Statussymbol oder zum gehorteten Besitz werden. Sie sollen in den Dienst der Liebe genommen werden.

2. „Paulus spricht allen Geistesgaben den Wert ab — wenn die Menschen, die sie empfingen, nicht die Liebe haben." Auch diese Behauptung stimmt nicht. Die Gaben als solche behalten immer ihren Wert, eben weil sie Gnadengaben des Geistes sind. Paulus sagt nicht, daß das Zungenreden tönendes Erz oder schallende Zimbel ist, sondern er sagt: „Wenn ich in Zungensprachen der Menschen und der Engel redete und habe der Liebe nicht, dann bin ich — Paulus — (= nicht das Zungenreden) ein tönend Erz und eine klingende Schelle.

Ebenso sagt er es im Blick auf Prophetengaben, Erkenntnis, Glaube, der Berge versetzt: „. . . und habe der Liebe nicht, dann bin ich nichts . . ."

Selbst Werke praktischer Nächstenliebe und Martyrium machen einen Menschen nicht zum Gottesmenschen! Darum: „. . . aber keine Liebe habe, so nützt es mir nichts." Gewiß, die Austeilung der Habe an Arme nützt diesen viel, aber mir in meiner geistlichen

139

Entwicklung und Stellung nichts. So ist es auch mit den Geistesgaben: Sie können noch anderen zum Segen sein, aber ich werde selbst verwerflich. Nicht der Mensch steht schon besonders gut, der viele Geistesgaben besitzt und betätigt, sondern der, in dem Jesu Gesinnung lebt und Christus Gestalt gewinnt. Aber Jesus war nicht nur voll Liebe, sondern auch voll Gaben und Vollmacht!

3. ,,Die Geistesgaben sollen ja vergehen, und deshalb sind sie nicht so wichtig.''
Dieses Argument ist vorschnell. Paulus zeigt, daß die Gaben aufhören, wenn keine Erkenntnis mit ihrem Bruchteil-Charakter mehr nötig sein wird. Erst wenn das Vollkommene kommt, wird das Bruchteilhafte überflüssig und hört auf. Das Vollkommene ist da, wenn wir sehen von Angesicht zu Angesicht und erkennen Ihn, wie wir erkannt worden sind, d. h. wenn wir bei Jesus sind. Wer behauptet, heute wären die Gaben nicht mehr nötig, der behauptet, das Vollkommene wäre *schon da!* Diese Behauptung wäre die größte und gefährlichste Schwärmerei. Paulus warnt eindringlich vor einer ähnlichen Lehre. ,,... ihre Lehre frißt wie ein Krebs... Sie sind von der Wahrheit abgeirrt, indem sie sagen, die Auferstehung der Toten wäre schon erfolgt'' (2. Timotheus 2, 12).

Die Geistesgaben sind Waffen für das noch kämpfende Gottesvolk, Werkzeuge für die noch zu bauende Gemeinde und Manna für die pilgernde Christenschar.
Die Gemeinde kann und soll sich keinen schwärmerischen Verzicht auf diese Gaben leisten. Hier möchte ich ernstlich vor solcher ,,Schwärmerei'' warnen.

4. ,,Da die Gaben nur Stückwerk, Bruchteil sind, müßte man doch auf sie verzichten können.''
Jede Predigt, jeder Lehrvortrag, jeder Liebesdienst und jede Hilfeleistung ist nur ein Stückwerk. Sind diese genannten Dinge deshalb wertlos? Der Ausdruck ,,Stückwerk = Bruchteil'' will nicht Dinge für wertlos erklären, sondern darauf aufmerksam machen, daß das Volle und Ganze mehr ist. Wer prophezeit, tut es aus dem Bruchteil. Jedes Charisma kann nur einen Lichtstrahl aus der Lichtfülle weitergeben. Niemand hat alles, weiß alles und sieht alles.

Jeder braucht Ergänzung und Handreichung durch andere. Deshalb kann niemand vom anderen sagen: ,,Ich bedarf deiner nicht.''

Selbst wenn jemand alle Gaben hätte, hätte er von jeder nur ein Stück. Was er als Prophet sieht oder vernimmt, ist nur ein winziger Ausschnitt aus der Fülle göttlichen Lichtes. Andere geben ein anderes Stück. Jeder dient der Gemeinde, aber jeder braucht auch Dienst durch andere.

Niemand darf sich als unfehlbar und seinen Dienst als vollkommen ansehen. Nie werden wir hier auf Erden *alle* Probleme lösen können, alle Kranken heilen, alles Licht empfangen und alle Gedanken Gottes verstehen. In Jesus ist die ganze Fülle Gottes, alle Schätze der Weisheit und der Erkenntnis. Ihm ist gegeben *alle* Vollmacht im Himmel und auf Erden. Aber wir sind nicht Jesus, sondern nur Glieder an Seinem Leib, ,,ein jeder nach seinem Teil''. Glieder können nur stückweise dem Leibe dienlich sein und zur Erfassung der Wirklichkeit beitragen. Aber als Glieder sind sie für den Leib wichtig. Ihre Funktionsfähigkeit und Geschicklichkeit bestimmt Entwicklung und Wohlbefinden und Gesundheit des Leibes.

Laßt uns zusammenfassend sagen: Die Liebe ist der Blutkreislauf im Leibe Christi. Sie soll der Steuermann und Wächter für alle Gaben und Dienste sein. Darum: ,,Strebet nach der Liebe — und bemüht euch eifrig um die geistlichen Gaben...'' (1. Korinther 14, 1).

Gemeinde ohne Liebe ist wie ein Auto ohne Steuer.
Gemeinde ohne Kraft ist wie ein Auto ohne Motor.
Gemeinde ohne Gaben ist wie ein Auto ohne Kraftübertragung.

14. Kapitel

Gemeinde ohne Geistesgaben

Eine Gemeinde ohne Geistesgaben entspricht nicht dem Gemeinde-
bild des Neuen Testaments. In den meisten apostolischen Briefen an
Gemeinden oder Personen finden wir Hinweise oder Erwähnungen
irgendwelcher Geistesgaben. Gerade das Bild des Leibes für die Gemeinde wird stark mit den verschiedenen Charismen und den
Geistesgaben in Zusammenhang gebracht. Dennoch gibt es heute
viele Gemeinden, bestehend aus wiedergeborenen Gotteskindern, die
keine Geistesgaben in ihrer Mitte haben oder gar dulden. Was sind
die Ursachen dafür? Es gibt dafür ohne Zweifel verschiedene Ursachen. Einige davon will ich kurz anleuchten.

UNKENNTNIS UND MANGELNDE BELEHRUNG

Der Glaube kommt aus der Verkündigung. Wenn diese das Zeugnis
des Neuen Testaments von den Geistesgaben verschweigt oder uminterpretiert, wen wundert es dann, daß niemand nach diesen Gaben
eifert?

Diese Gaben werden durch den Glauben empfangen; der Glaube
aber wird durch die Verkündigung geweckt. Gottes Wort kann so
verkündigt werden, daß die Realität Seiner Zusagen untergeht. Es
kann auch so uminterpretiert werden, daß ganz andere Vorstellungen
und Erwartungen erweckt werden.

Wie erinnere ich mich noch an ,,Auslegungen'' der Heiligen
Schrift, die Geistesgaben mit natürlichen Begabungen gleichsetzten.
Die behaupteten, es gäbe heute keine Evangelisten, denn deren gäbe
es nur vier: Matthäus, Markus, Lukas und Johannes. Die darauf be-
standen, Bekehrung wäre nichts für ,,getaufte'' Christen, sondern
nur für Juden und Heiden usw. Solche Art falsche Auslegungen der
Schrift haben damals erweckliche Aufbrüche stark behindert.

Leider hat eine alte ,,Predigt-Tradition'' oft den Rang des Wortes

Gottes selbst. Aber eine Auslegung ist nicht deshalb richtig, weil sie Hunderte von Jahren gebraucht wurde. Was ist nicht schon alles im Lauf der Jahrhunderte an Abirrung vom biblischen Zeugnis geschehen?! Denken wir nur an Taufwiedergeburtslehre, Sakramentsmagie, Säuglingstaufe, Kirchenverständnis und Heilsempfang. Nein, alle diese völlig unbiblischen Lehren sind nicht deswegen richtig, weil sie so alt sind. Aber diese irrigen Lehren haben doch eine starke Behinderungskraft für die Ausbreitung des Evangeliums und für Erweckung. So kann eine gewisse Lehrtradition sich auch für die Gaben des Geistes verschließen oder jedes Streben nach ihnen als Irrweg hinstellen.

GEISTLICHE SELBSTGENÜGSAMKEIT UND HOCHMUT

,,Dem Demütigen gibt Gott Gnade." Wie viele Christen empfinden es als eine Ungeheuerlichkeit zu bekennen, daß ihnen nach der Schrift noch etwas fehlen könnte. In ihrer Selbstgenügsamkeit, hinter der sich manchmal Hochmut verbirgt, sagen sie: ,,Ich brauche nicht mehr, ich lasse mir an Seiner Gnade genügen . . ." Dieses Argument ist oberflächlich und geht am Anliegen der Schrift vorbei.

Zunächst einmal muß gesagt werden, daß es das Argument von Laodicea ist: ,,Ich bin reich, ich bedarf nichts mehr." Dies ist nicht die Sprache der Dankbarkeit und Demut, sondern einer geistlichen Selbstzufriedenheit. Zum anderen geht es bei den Gaben nicht in erster Linie darum, ob *ich* noch etwas brauche, sondern ob die Gemeinde, der Bruder und der Ungläubige etwas braucht. Letztendlich geht es doch darum, ob der Herr mich so gebrauchen kann, wie Er es gerne möchte.

Es ist auch Überheblichkeit, wenn man Gott schulmeistert, wie ich es im Blick auf die Gabe der Zungenrede erlebte: ,,Warum soll ich in Zungen beten, was ich nicht verstehe, wenn ich doch in meiner Sprache beten kann?" Diese Schulmeisterei erhebt sich über einen Paulus, der Gott für die Gabe der Zungenrede dankt. Glauben solche Menschen wirklich der Schrift, die da sagt: ,,Der Geist vertritt uns aufs beste mit unaussprechlichem Seufzen"?

DIE VERABSOLUTIERUNG
DES MENSCHLICHEN VERSTANDES

Rationalismus ist eine geistige Grundhaltung in unserer Zeit. Alles möchte man gerne der Kontrolle und der Verstehbarkeit des Intellekts unterwerfen. Der Verstand hat gewiß eine wichtige Aufgabe für die Bewältigung unserer Aufgaben in der Welt. Aber Gott ist größer als unser Verstand.

Dem Verstandeskult sind übernatürliche Offenbarungen und spontane Bekundungen des Geistes höchst unerwünscht. Eine Auslegung der Heiligen Schrift kann man verstandesmäßig machen und im Griff behalten, aber das übernatürliche Wirken des Geistes bringt Überraschungen und ist verstandesmäßig nicht machbar.

Jede Art ,,Vernunftsreligion" entlarvt sich bald als unvernünftig. Sie entmächtigt Gott, macht Ihn abwesend und uninteressant. Ein Gott, der sich durch Seinen Geist offenbart, der Gebete erhört und Gaben gibt, wird als der anwesende lebendige Gott erkannt: ,,. . . sie werden so bekennen: »Gott ist wahrhaftig in eurer Mitte.«"

ANGST

Vielfach steckt hinter der Verschlossenheit gegen die Geistesgaben ganz einfach Angst. Angst davor, daß die Vielfalt der Offenbarungen nicht mehr zu kontrollieren wäre. Angst vor ungeistlichen Charismatikern. Angst vor dem Neuen und Unbekannten.

Sollten wir diese Angst nicht durch Vertrauen zum Herrn und Seinem Wort überwinden? Statt ,,Angst vor Schwärmerei" zu züchten, sollten wir vielmehr Angst haben, einmal als ,,törichte Jungfrauen" dazustehen. Angst gehört zum Kleinglauben, dem Glauben eigen ist der Mut.

Gewiß wird eine gabenreiche Gemeinde nicht problemlos sein. Aber ein gründliches Studium der Schrift, die Hilfe charismatisch erfahrener Menschen und das Gebet helfen alle Probleme zu überwinden.

UNGLAUBE

Viele Christen haben aufgehört, an die Realität des Wortes Gottes zu glauben. Unglaube aber hindert Gott. Seine Augen schauen nach dem Glauben. Dieser spricht gegen alle negativen Erfahrungen: ,,Herr, auf Dein Wort!''

Gottes Augen schauen nach dem Glauben. Der Glaube will die Verwirklichung der Zusagen für diese Zeit auch sehen!

WAS IST MIT EINER GEMEINDE OHNE GEISTESGABEN?

Diese Gemeinde beraubt sich selbst mancher Hilfe der vielfältigen Gnade des Herrn.

Sie ist wie ein Leib mit schwächlichen oder nicht voll funktionstüchtigen Gliedern. Glieder am Leibe sind ja nicht nur da, um den Leib zu vervollständigen, sondern um ihm verschiedene Handreichungen zu tun. So haben z. B. die Hände nicht nur eine Aufgabe, sondern deren viele, ähnlich der Fuß usw. Werden Funktionen einzelner Glieder oder Organe begrenzt, leidet der ganze Leib.

Sie ist wie ein Organismus, dem gewisse Vitamine vorenthalten werden. Die Folge davon sind Mangelleiden und Entwicklungsstörungen. Zur gesunden Entwicklung sind alle Vitamine wichtig. Gesundes Wachstum und Kräftigung des geistlichen Lebens sollen auch durch die Geistesgaben gefördert werden.

Sie ist wie ein Bautrupp, der einen Tempel bauen soll, dem aber die Fülle der nötigen Werkzeuge fehlt. Ihre Arbeit wird mühevoll und am Ende wenig erfolgreich bis enttäuschend. Die Gemeinde und der einzelne Christ brauchen dauernd Erbauung, und zwar auf verschiedenen Gebieten und auf verschiedene Art. Gewiß, auch mit den Gaben wird alles unvollkommen vor unseren Augen bleiben, aber es wird viel mehr erreicht als ohne sie.

Sie ist wie eine Orgel, der so viele Pfeifen fehlen, daß sich nicht die Fülle der Töne ergießen kann, die zum rechten Musikerlebnis nötig wären.

Sie ist wie eine Haushalterschaft mit leeren Kassen, Kellern und Scheunen. Als ,,Haushalter der verschiedenartigen Gnade'' sollten wir keinen Mangel an irgend einer Gnadengabe haben.

Sie ist arm — trotz der reichen Gnadenfülle, zu der sie berufen ist.

Eine solche Gemeinde ist nicht in der Gestalt, wie sie nach dem Neuen Testament sein sollte. Sie entspricht darum nicht ihrer Berufung und Sendung.

Wie der Gottessohn im irdischen Leibe voll Geistes war und in diesem Leibe Gottes Herrlichkeit offenbarte, soll die neutestamentliche Gemeinde voll Geistes die Herrlichkeit des Herrn widerspiegeln. Obwohl die Gemeinde die Schmach des Kreuzes trägt, trägt sie doch einen Schatz in irdenen Gefäßen.

Gemeinde in ganzer neutestamentlicher Wirklichkeit hat eine waagrechte und eine senkrechte Dimension. Die waagrechte wird in der Verwirklichung der biblischen Prinzipien und Struktur gegeben. Das sind die Rahmenbedingungen für den Weg durch die Geschichte der Zeit. Dazu gehören Taufe der Gläubigen, verbindliche Mitgliedschaft, Glaubensbekenntnis, Lehrdienst, geistliche Leiterschaft usw.

Die senkrechte aber findet ihre Verwirklichung in ständig neuen Einbrüchen von oben, in Kraft- und Gabenoffenbarungen durch den Heiligen Geist. Ohne dieses Geisteswirken mögen die Strukturen stimmen, aber sind nicht mehr als ,,tote Orthodoxie''. Je mehr diese Senkrechte zu ihrem Recht kommt, desto mehr Lebensaufbrüche und -einbrüche können geschenkt werden, ebenso wie Kraft- und Segenserfahrungen. Die Waagrechte muß stimmen, aber die Senkrechte darf nicht fehlen. Nur in diesem Fadenkreuz beider Ebenen hat die Gemeinde die rechte Gestalt und erreicht das Ziel.

15. Kapitel

Seid eifrig bemüht . . .

,,Strebet nach der Liebe — bemüht euch aber (gleichzeitig) eifrig um die Geistesgaben'' (1. Korinther 14, 1).

1. EIFERT UM GEISTESGABEN

Unter Geistesgaben versteht das Neue Testament die Gnadengaben des Geistes — CHARISMATA TOU PNEUMATI. Um diese soll sich der Christ eifrig bemühen. Das griechische Wort ZELOUTE bedeutet mehr als unser Wort ,,eifern''. Man könnte es mit ,,glühender Inbrunst'' oder mit ,,verzehrendem Verlangen'' übersetzen. Eifern um Geistesgaben ist ein höchst aktives Verlangen. Die scheinbar ,,demütige'' Haltung: ,,Wenn der Herr mich für würdig achtet, wird Er mir schon etwas geben'', kann vor diesem Wort nicht bestehen.

Ausrüstung mit Gnadengaben des Geistes soll die Sehnsucht und das Gebetsanliegen jedes Christen sein. Warum gebraucht Paulus dreimal dieses starke Wort (1. Korinther 12, 31; 14, 1; 14, 12)? Ihm war es nicht gleichgültig, ob die Gemeinde die Fülle der Geistesgaben in ihrer Mitte erlebte oder nicht. Die Offenbarung des Geistes (= Manifestation des Geistes, griechisch PHANEROOSIS) soll sich in *jedem* Gotteskind zum Nutzen der Gemeinde erzeigen (1. Korinther 12, 7). Dieser starke Ausdruck unterstreicht die Wichtigkeit der Geistesgaben und ist zugleich eine dringliche Herausforderung an jeden Christen. Sogenannte ,,geistliche Bescheidenheit'' kann eine Tarnkappe für geistliche Gleichgültigkeit gegen die Angebote des erhöhten Herrn sein.

2. EIFERT UM DIE GEISTESGABEN —
ZUR VERHERRLICHUNG DES HERRN

Alles Eifern nach Geistesgaben sollte grundsätzlich ein Eifern zur Verherrlichung des Herrn sein. Jesus sagt: „Wenn dieser Paraklet (der Heilige Geist) kommt... wird Er *Mich* verherrlichen" (Johannes 16, 7—14). Der Geistesmensch möchte nicht sich selbst erhöht sehen, sondern seinen Herrn. Geistesgaben sind kein geistliches Statussymbol, sondern Gnadenmitteilungen des Geistes. Deshalb gebraucht Paulus in 1. Korinther 12, 4.5.6 ein Wort für „Zuteilungen-Austeilungen" (Luther: „mancherlei..."), welches im weltlichen Sprachgebrauch für Verteilen der Siegesbeute gebraucht wurde (griechisch DIAIRESIS).

Alle Gnadengaben, ja die Ausgießung des Heiligen Geistes in diese Welt, sind Folgen des Sieges Jesu am Kreuz. Die Geistesgaben sind Austeilungen aus *Seiner* Siegesbeute.

Auch der Eifer nach den Geistesgaben sollte unter dem Motto stehen: „Ich habe für den Herrn Zebaoth geeifert..."

3. EIFERT UM DIE GEISTESGABEN —
ZUR ERBAUUNG DER GEMEINDE

„Die ihr nach Geistesgaben eifert, sucht, zur Erbauung der Gemeinde davon Überfluß zu haben" (1. Korinther 14, 12).

Geistesgaben werden *in uns* hineingegeben, aber sie sind nicht *unsere* Gaben. Alle Gaben haben eine Aufgabe im Dienst vor Gott oder in der Erbauung der Gemeinde. Der geistlich gesinnte Charismatiker hat immer die Erbauung der Gemeinde, den Sieg des Evangeliums und die Verherrlichung des Herrn im Auge.

Niemand wird behaupten wollen, daß die Gemeinde Jesu in unserer Zeit schon fertig wäre und der Erbauung nicht mehr bedürfe. Ebensowenig kann man es von den einzelnen Christen behaupten. Auch beim Eifern um Geistesgaben darf das Wort gelten: „Der Eifer um Dein Haus verzehrt mich" (Psalm 69, 10; Johannes 2, 17).

Wertvolle Erbauung geschieht durch geistgesalbte Predigt. Wann aber gab es mehr geistgesalbte Predigt als im apostolischen Zeitalter? Dennoch wies Paulus in dieser Zeit auf die notwendige Erbauung auch durch die Gnadengaben des Geistes hin. Keine Predigt oder Lehre kann den Dienst der Geistesgaben ersetzen, wie auch keine

Geistesgabe den Dienst von Predigt oder Lehre ersetzen kann. Beide Stränge des Dienstes der Erbauung sollen gleichzeitig in der Gemeinde sein. Es darf hier keinen geistlichen „Verdrängungswettbewerb" geben.

Die Frage: „Was ist wichtiger?" kann so nicht mit einem Satz beantwortet werden. Es kommt doch darauf an, *was* durch den Geist bewirkt werden soll. Die Gnadengaben der Heilungen sind z. B. am Krankenlager eines „unheilbar" Kranken, der sich in Schmerzen windet oder bewußtlos ist, wichtiger als eine Predigt. Fromme Worte können z. B. vor einem Hungernden und Frierenden zu Phrasen degenerieren, wo die hilfreiche Tat Gottes Liebe manifestieren könnte (Jakobus 2, 14—16).

Die Handreichungen des Geistes sollen den Dienst der Verkündigung vertiefen und ergänzen. Als *mitfolgende* Zeichen — weder die Predigt noch die Charismen sollen sich verselbständigen! — gehören sie zum Dienst des Geistes, d. h. zum Dienst der Verkündigung des Wortes Gottes (2. Korinther 3, 6—8).

Das Ziel „Erbauung der Gemeinde" (bzw. Erbauung des Christen, 1. Korinther 14, 31) wird am besten dadurch erreicht, daß *alle* göttlichen Gnadengaben (oder Gnadenmittel) eingesetzt werden. Wie töricht wäre doch die Frage: „Was ist bei einem Bau wichtiger: Der Hammer, der Spaten oder die Säge?" Es kommt doch darauf an, *was* am Bau gemacht werden muß. Die Säge wäre doch ein schlechtes Werkzeug, um die Nägel einzuschlagen, der Hammer, um die Balken zuzuschneiden und der Spaten, um das Dach zu decken. Aber alle diese Werkzeuge, und noch manche mehr, haben ihren wichtigen Platz für bestimmte Aufgaben am Bau. Nie kann der Bau recht gemacht werden, wenn man nur ein einziges Werkzeug zur Verfügung hat.

Für die geistliche Erbauung sind die Geistesgaben von unschätzbarem Wert. Darum laßt uns sie mit glühendem Eifer erflehen und ihnen den nötigen geistlichen Freiraum zur Entfaltung geben. Gottes Werk muß getan werden — und kann doch nur am besten mit Gottes Mitteln getan werden. Das angefangene gute Werk darf weder beim Fundament abschließen, noch im Rohbauzustand bleiben oder zur Ruine verfallen.

Erbauung und Pflege sind der geistliche Beitrag der Gaben des Geistes. Wer könnte sich da einen Verzicht leisten, wer könnte sich dem gebieterischen Appell des Apostels entziehen: „Bemüht euch mit verzehrendem Verlangen um Geistesgaben..."?

4. EIFERT UM GEISTESGABEN —
UM DER VERLORENEN WELT WILLEN

Auch über dem Eifern nach Geistesgaben sollte das Wort stehen: „Die Liebe Christi dringet uns . . ." (2. Korinther 5, 14). Um uns versinkt eine Welt im Unglauben und Verderben, und die Gemeinde Jesu verliert für ihre Botschaft die Durchschlagskraft. Gewiß, es gibt noch immer kraftvolle Evangelisten, gesalbt mit dem Heiligen Geist. Aber wie viele Menschen sind durch die Worte allein nicht mehr zu erschüttern oder zu bewegen? Wie wenig Ausstrahlung haben doch viele Gemeinden! Luther meinte: „Wenn es wieder vonnöten ist, müssen auch wir wieder Zeichen und Wunder tun!" Ist es heute nicht vonnöten? Kann die Gemeinde sich die Arroganz erlauben: „Wer nicht durch unsere Worte glauben will, mag es bleiben lassen!"?

Urchristliche Predigt war mehr als eine Rede, die homiletisch und rhetorisch gekonnt dargeboten wurde. Es war ein von Gottes Geist bestätigtes und von Seinen Wirkungen begleitetes Verkündigen der guten Botschaft (Galater 3, 5; 1. Korinther 2, 4 + 5; Hebräer 2, 4 u. v. a. m.).

Gott verschließt sich den Wundersüchtigen, aber tut Er es auch gegen die Wunderbedürftigen bzw. die geistlich Hilfsbedürftigen? Hat Jesus Sein Evangelium nicht mit „mitfolgenden Zeichen" gepredigt? Und taten es die Apostel nicht auch so? Die Barmherzigkeit mit den Ungläubigen gebietet, nach den Geistesgaben zu eifern. Paulus dachte so. Er zeigt die Hilfe zum Glauben z. B. beim Dienst der Prophetie. Wie Krankenheilungen zum Zeichen werden, die auf den lebendigen Herrn und Seinen Sieg verweisen, bezeugt uns das Neue Testament und die Erweckungsgeschichte, besonders die in unserer Zeit.

Möchten doch die Christen sich so mit Liebe und Erbarmen füllen lassen, daß eine Bürde für Verlorene sie ins Gebet treibt und ihnen hilft, den Wert der Geistesgaben neu zu entdecken.

5. EIFERT UM DIE GEISTESGABEN —
AUS DEMÜTIGEM GEHORSAM GEGEN DIE SCHRIFT

Eifern nach den Geistesgaben ist auch ein Teil christlichen Gehorsams und damit der praktischen Nachfolge. Es genügt nicht, *an* die Bibel zu glauben, man muß auch *der* Bibel glauben. Wenn sie uns sagt, daß wir danach trachten sollen, Geistesgaben im Überfluß zu haben zur Erbauung der Gemeinde, dann können wir nur demütig gehorsam unsere Hände zum Herrn ausstrecken und uns von Ihm geben lassen, was Er verheißen hat. Wir können doch unmöglich den Appell der Schrift ignorieren und zugleich behaupten, sie ernstzunehmen.

Die Geistesgaben sind uns nie Ersatz für die Schrift, aber sowohl Verheißung als auch Herausforderung der Schrift. Gott weiß besser als wir, was Seinem Werk am besten dient. Wir sind nicht Schulmeister des Herrn, sondern Seine gehorsamen Jünger.

6. WARUM EIFERN —
DER GEIST GIBT DOCH, WIE ER WILL?

Dieses Wort spricht nicht gegen ein Eifern um Geistesgaben. Es zeigt nur, daß der Herr einem jeden Christen bestimmte Aufgaben an Seinem Leibe zugedacht hat. Der Geist teilt zu, wie Er will; aber nur dem, der voll Verlangen darum eifert.

Paulus selber zeigt, daß selbst das Streben nach gewissen Gaben nicht gegen die Souveränität des Heiligen Geistes verstößt. So mahnt er, zu allermeist danach zu eifern, prophezeien zu können, und er ermutigt den Zungenredner, darum zu beten, daß er es auslegen kann.

Das Wort zeigt uns, daß wir grundsätzlich *alle* nach Geistesgaben (allgemein) eifern sollen, aber ebenso zielgerichtet nach noch fehlenden oder zu wenig vorhandenen Geistesgaben. Wieviel mehr könnte der Herr tun, wenn Gottes Volk diesen Auftrag des Apostels ernst nehmen würde: ,,Eifert mit brennendem Verlangen...''!

Anhang

Geistesgaben —
Charismen des Geistes

CHARISMA — WAS IST DAS?

Da heute oft von der „charismatischen Erneuerung" gesprochen wird, hören wir häufig auch den Begriff *Charisma*. Deshalb wollen wir einmal untersuchen, was damit gemeint ist. Der Begriff kommt 17mal im Neuen Testament vor, und zwar 16mal bei Paulus und einmal bei Petrus.

Beim näheren Studium wird uns auffallen, daß der Begriff *Charisma* ein allgemeiner Begriff ist, der erst durch den Zusammenhang oder eine Zuordnung seine genaue Bedeutung bekommt. *Charisma* wird mit „Gnadengabe" übersetzt und ist abgeleitet von CHARIS = Gnade und MA = Wirkung. Somit müssen wir *Charisma* als Konkretisierung der mannigfachen Gnade verstehen. Der Ursprung jedes *Charismas* ist Gnade. Durch die Gnade manifestiert sich eine besondere Gabe. Ursprung und Wirkung gehören zusammen. Wo der Geist der Gnade den Ursprung und die Wirkung vereinigt, entsteht das, was wir *Charisma* nennen.

Wir wollen nun die 17 Stellen, in denen der Begriff Charisma vorkommt — manchmal wird er in der Mehrzahl gebraucht, womit gesagt werden soll, daß es offensichtlich mehr als 17 Charismen gibt —, etwas näher untersuchen. Zunächst einmal sind sich alle Ausleger einig: Der Begriff Charisma wird im Neuen Testament unterschiedlich angewandt. Er will das Beschenktwerden durch den Reichtum der Gnade des dreieinigen Gottes deutlich machen. Ebenso finden alle Ausleger folgendes bemerkenswert: Fast alle Stellen weisen einen direkten Bezug zur Gemeinde auf. Wer also von Charisma redet, muß auch von Gemeinde reden. Elfmal wird der Begriff direkt mit der Gemeinde in Verbindung gebracht und nur dreimal wird er allgemein gebraucht.

Wir wollen uns jetzt die Stellen, die von Charismen reden, etwas näher anschauen, ohne zunächst auf die einzelnen Charismen gründlicher einzugehen:

152

1. Römer 6, 23: CHARISMA TOU THEOU = Charisma Gottes. Hier heißt es: Das Charisma Gottes ist das ewige Leben in Christus Jesus, unserem Herrn.
2. Römer 5, 15 und
3. Römer 5, 16: Hier wird von einem Charisma Christi geredet. Es ist die Vergebung der Sünden und die Rechtfertigung des Sünders gemeint.
4. Römer 11, 29 spricht von CHARISMATA TOU THEOU in Verbindung mit der Erwählung des Volkes Israel und dem Bund Gottes. Es sind jene berühmten Worte: Gottes Gnadengaben und Berufung können Ihn nicht gereuen.
5. Römer 12, 6: CHARISMATA KATA TEN CHARIN = Gnadengaben nach der Gnade... Der Begriff Charisma wird hier zur vielfältigen Gnade in Beziehung gebracht und in einem breiten, umfassenden Sinn offengehalten.
6. 1. Korinther 1, 7: Durch die Formulierung EN MEDENI CHARISMATI = ,,an irgendeiner Gnadengabe'' wird das ganze weite Gebiet der Charismen angesprochen. Denn MEDENI heißt ,,irgendein'', und damit ist also offen gelassen, von welcher Art Charismen hier geredet wird.
7. 1. Korinther 7, 7 spricht von eigenem, persönlichem CHARISMA aus Gott — IDION CHARISMA EK THEOU. Wenn wir diese Stelle näher untersuchen, wird sichtbar, daß hier von einer natürlichen Begabung die Rede ist. Es handelt sich um die Begabung zur Ehe oder zur Ehelosigkeit. Häufig wird diese Stelle meiner Meinung nach falsch angewandt, indem man sagt, daß die Ehe als solche ein Charisma ist. Dieser Text spricht aber von der Fähigkeit zur Ehe: ,,Jeder hat seine eigene Gnadengabe aus Gott, einer so, der andere so.'' Hier fällt also auf, daß auch diese ganz natürliche Fähigkeit, die schon in der Geburt programmiert ist und sich durch die Pubertät entwickelt, ein Charisma genannt wird.
8. 2. Korinther 1, 11: TO CHARISMA. Paulus spricht davon, daß er gerettet wurde, und er sieht in dieser Rettung eine Gnadengabe Gottes.
9. 1. Korinther 12, 4 spricht der Apostel von mancherlei Gnadengaben des Geistes = DIAIRESIS TE CHARISMATOON (PNEUMATOS). Diese Verschiedenheiten der Gnadengaben des Heiligen Geistes sind ganz offensichtlich ein bestimmter Sektor der verschiedenartigen Charismen.

10. Römer 1, 11 schreibt Paulus davon, daß er Gnadengabe des Geistes = CHARISMA HYMIN PNEUMATIKON mitteilen möchte.
11. 1. Korinther 12, 9 und
12. 1. Korinther 12, 28 sowie
13. 1. Korinther 12, 30 sprechen von Gnadengaben der Heilungen = CHARISMATA IAMATON. Beide Wörter stehen jeweils in der Mehrzahl.
14. 1. Korinther 12, 31 werden wir aufgefordert, nach den größeren Gnadengaben zu trachten. Was immer das bedeuten mag, werden wir später noch untersuchen. Hier haben wir also wieder Gnadengaben im Plural.
15. 1. Timotheus 4, 14 und
16. 2. Timotheus 1, 6 spricht Paulus von dem Charisma, das Timotheus gegeben wurde. Ganz bewußt erinnert er ihn daran. Es fällt uns auf, daß hier also nicht von einem Naturtalent, wie es manchmal dargestellt wird, die Rede ist und auch nicht von einer Amtseinsetzung, wie es einige verstehen wollen. Dieses Charisma ist ihm erst durch Handauflegung der Ältestenschaft gegeben worden und wurde ihm durch eine Weissagung zugesprochen. Der Apostel Paulus hat selbst die Hände mit aufgelegt. Der Empfang dieser Gabe hatte etwas zu tun mit dem Empfang des Geistes, der nicht ein „Geist der Furcht" ist (2. Timotheus 1, 6).
17. 1. Petrus 4, 10 ist die einzige nichtpaulinische Schriftstelle, in welcher dieser Begriff vorkommt: Wir sollten gute Haushalter der verschiedenen Arten — das ist ein sehr wichtiger Begriff — der Gnadengaben sein (als gute OIKONOMOI POIKILES CHARITOS).

Wir können im Neuen Testament, je nach Einordnung, etwa 20—26 Charismen zählen. Da Paulus diesen Begriff am meisten gebraucht und von der geistlichen Erfahrung bzw. Praxis her beleuchtet, sind seine Schriften zum Verständnis und für die Praxis der Anwendung der Gnadengaben besonders wichtig.

Das Neue Testament kennt im Grundtext noch andere Ausdrücke für Gabe — mit einem anderen, bestimmten Bedeutungshorizont. Gerade auf diesem Hintergrund wird die Bedeutung des Wortes Charisma deutlich und verständlich, warum Paulus es so betont gebrauchte. Laßt uns die anderen Begriffe kurz näher betrachten:

1. DOMA (Epheser 4, 8; Matthäus 7, 11; Lukas 11, 13; Philipper 4, 17): Eine Gabe, die jemand als Liebes- oder Werbegabe gibt.
2. DOREA und DORON. Diese Gabe gibt ein Niederer einem Höheren, um sich ihm nahen zu dürfen. Erstaunlich ist, daß nach Apostelgeschichte 2, 38 der Heilige Geist selbst eine DOREA Gottes genannt wird. Das heißt doch: Im Heiligen Geist läßt sich Gott herab und versucht, sich dem Menschen zu nahen. Jemand hat es so formuliert: ,,Der Heilige Geist ist Gottes Selbst-Weggabe an den Menschen.'' Im Heiligen Geist erleben wir Gottes Dabeisein bei den Menschen. Durch den Heiligen Geist ist Er, der den Himmel und alle Herrlichkeiten besitzt, dem Menschen ganz nahe, selbst im Alltäglichsten des alltäglichen Lebens. Der Apostel Paulus kann diese DOREA nicht genug rühmen. Sie wird in Errettung erfahren (Epheser 2, 8). Er nennt sie ,,unaussprechlich'' (2. Korinther 9, 15). Es ist ein so großes Wunder, daß Gott sich für die Menschen gibt, daß Gott bei den Menschen wohnt und durch Menschen wirkt! Man kann diese himmlische Opfergabe schmecken, indem man Mitteilhaber des Heiligen Geistes wird (Hebräer 6, 4).
Im Blick auf die Berufungen und Dienste wird einem jeden gegeben ,,nach dem Maße der Opfergabe Christi''. Das Maß, nachdem jemand berufen wird, ist die Opfergabe Gottes, d. h. die Selbsthingabe in Christus. Nachdem Er uns durch Sein Blut gereinigt hat, macht Er uns fähig, Ihm — dem lebendigen Gott — zu dienen (Hebräer 9, 14).
3. DOSIS. Jakobus 1, 17: ,,Jede gute DOSIS und jede vollkommene Opfergabe kommt von oben herab, von dem Vater des Lichts.'' Den Begriff DOSIS kennen wir aus der Medizin. Er heißt soviel wie Zuteilung, also etwas mit Maß geben.
4. CHARISMA. Der Begriff Charisma ist, wie viele Begriffe, die besonders der Apostel Paulus verwendet, der weltlichen Umgangssprache entnommen.
Es ist ein spezielles Wort mit einem speziellen Bedeutungshorizont. Zwei Dinge gehören zu dem Begriff Charisma:

a) Ein Charisma ist immer eine unverdiente Gabe. Es ist ein freies Geschenk. Dieser Ausdruck wurde in der Antike direkt in Gegensatz zu Lohn und Sold gestellt. Diese Gabe ist deshalb kein Orden und kein Rangabzeichen für den, der sie empfangen hat, sondern sie ist ein Treuezeichen der Gnade Gottes.

Der Einzige, der über einem Charisma gerühmt werden kann, ist der gnädige Herr. Diese Tatsache ist für die Selbsteinschätzung bzw. die Schätzung eines Charismatikers wichtig, weil viel Not dadurch gekommen ist, daß Menschen, die besondere Gnadengaben empfangen hatten, sich etwas darauf einbildeten oder ungeistlich von anderen verhimmelt wurden. Entweder hielten sie sich für große Gottesmänner oder wurden von anderen als solche gerühmt. Dadurch macht man den Charismatiker zum geistlichen Supermann, und das geht nie gut. Die Apostel wußten sehr wohl, daß alles Gnade war und haben jede falsche Verherrlichung im Keim erstickt. Lies Apostelgeschichte 3, 11—16. Im Charisma wird Gottes freie Gnade sichtbar. Deshalb sollte nur der Gott aller Gnade gerühmt werden. Die Gemeinde lebt von der Gnade, deshalb muß sie offen sein für das breite Spektrum der Gnade Gottes — Ihm zur Ehre und den Menschen zum Heil. Charismen sind nicht von der Gnade (CHARIS) zu trennen. Bei allen Gnadengaben will Gott die bestimmende Größe bleiben.

b) Der Begriff enthält aber nicht nur den Gedanken des freien Gnadengeschenkes, sondern auch den des Geschenkes zur Lebensrettung (Paulus gebraucht ihn z. B. für eine Rettung aus Gefahr in 2. Korinther 1, 11), Lebenserhaltung (vgl. Ehefähigkeit 1. Korinther 7, 7) oder Lebensförderung. Charisma hat im Neuen Testament immer etwas mit Leben zu tun. Es handelt sich hier nicht um eine Werbegabe wie ein Blumenstrauß oder ein Geschenk, es ist auch kein Spielzeug oder Hobby, sondern es ist eine notwendige Gabe. Der Gedanke, daß es sich bei den Geistesgaben um mehr oder weniger schöne, aber doch nicht unbedingt nötige Dinge handelt, hat im Reich Gottes Schaden verursacht. In der Kirchengeschichte hat man sich lange Zeit damit getröstet: ,,Die Charismen gehören nur zum Reichtum der Kirche, aber nicht zu ihrem Wesen." Mit anderen Worten: ,,Man muß keine Gnadengaben haben, um im Vollsinn des Wortes neutestamentliche Gemeinde zu sein." Das ist falsch. Wenn man diesen Gedanken konsequent verfolgt, müßte man auch sagen: ,,Wir brauchen nicht unbedingt Sündenvergebung" — die ja auch ein Charisma ist. Ebenso müßte man sagen: ,,Das ewige Leben (das Charisma Gottes) gehört nur zum Reichtum, aber nicht zum Wesen der Kirche." Der Begriff Charisma wird im Neuen Testament nur für Gaben gebraucht, die für das persönliche Leben und für die Gemeinde wichtig sind. Charismen sind „Lebensmittel", die das Leben, das uns Christus geschenkt hat, verwirklichen, fördern und erhalten.

VERSCHIEDENE ARTEN VON CHARISMEN

In letzter Zeit wurden viele Gotteskinder ziemlich verwirrt durch die Behauptung: Alle Charismen seien Naturtalente, die einfach in den Dienst Gottes gestellt werden. Darum ist ihnen auch die Pfingstbewegung in ihrer Betonung von neun übernatürlichen Geistesgaben (nach 1. Korinther 12) verengt. Es gäbe viel mehr Geistesgaben. Ja, es könne sogar in unserer Zeit Geistesgaben geben, von denen noch nichts in der Bibel steht. Bei diesen Aussagen werden die Fehler gemacht, alle Gnadengaben des Geistes und alle mit Naturtalenten gleichzusetzen.

In den meisten Arbeiten über die Gaben werden die beiden „Charismenlisten" in Römer 12, 6 ff. und 1. Korinther 12 gleichartig betrachtet, obwohl sie verschiedene Akzente setzen wollen. Römer 12 spricht aber nicht von den Gnadengaben des Geistes speziell, sondern gibt einen Einblick in das weite Feld der Gnadengaben nach der Gnade: „. . . daß wir Gnadengaben besitzen, die nach der uns verliehenen Gnade verschieden sind. Wer also die Gabe prophetischer Rede besitzt, bleibe in Übereinstimmung mit dem Maß des Glaubens; wem die Gabe des Gemeindedienstes zuteil geworden ist, der betätige sie durch Dienstleistungen; wer die Lehrgabe besitzt, verwende sie als Lehrer; hat jemand die Gabe des Ermahnens, so betätige er sich im Ermahnen; wer Mildtätigkeit übt, tue es in Einfalt; wer zu den Vorstehern gehört, zeige rechten Eifer; wer Barmherzigkeit übt, tue es mit Freudigkeit" (Römer 12, 6—8). Hier werden die Charismen in Beziehung zur vielfältigen Gnade gesetzt. „Nach der Gnade" — griech. KATA — hat die Bedeutung: Der Linie der Gnade entlang, nach dem Maßstab der Gnade.

In Römer 12, 6 betont Paulus extra, daß es sich hier um *verschiedenartige* Gnadengaben handelt.

In 1. Korinther 12, 4—11 wird aber von Gnadengaben des Geistes gesprochen. Siebenmal werden die hier erwähnten Charismata mit dem Geist (PNEUMA) in Verbindung gebracht (vgl. Vers 4, Vers 7, Vers 8 = 2x, Vers 9 = 2x, Vers 11). Der Abschnitt beginnt und schließt mit der Feststellung, daß dies alles ein und derselbe Geist

157

wirkt. Dazu werden die hier erwähnten Gnadengaben dreimal „Geistesgaben" (1. Korinther 12, 1; 14, 1 und 14, 12), — griech. PNEUMATIKA — genannt.

Wir stellen fest: In Römer 12 werden alle Gaben „nach der Gnade" erwähnt, d. h. es wird uns ein Einblick in die Weite der Gnade gegeben. In 1. Korinther 12 und 14 wird aber ein bestimmter Sektor aus diesem breiten Feld zur Sprache gebracht. Hier werden nicht die Gnadengaben allgemein, sondern speziell die Gnadengaben des Geistes (Geistesgaben) behandelt.

Welche verschiedenen Arten von Charismen (Gnadengaben) werden im Neuen Testament erwähnt?:

EIGENES NATÜRLICHES CHARISMA AUS GOTT
(1. Korinther 7, 7)

Hier wird eine ganz natürliche Fähigkeit — ein eigenes Charisma aus Gott (IDION CHARISMA EK THEOU) — erwähnt. Dieses Charisma ist eine Gabe Gottes zur Erhaltung von Leben und Art, die trotz Sündenfall der Schöpfung verblieb. Die Fähigkeit zur Ehe oder auch die Fähigkeit zur Ehelosigkeit ist etwas, das Gott schon in die Schöpfung hineingelegt und damit die Berufung verbunden hat, z. B. Vater und Mutter zu werden oder auch in der Ehelosigkeit Gott zu dienen. Wer sein Leben Gott ausliefert, entdeckt alle seine Begabungen und Talente als unverdiente Gnadengaben. Dazu gehören auch die Sexualität und der dazugehörende Drang zur Ehe, sowie die Veranlagung bzw. Bestimmung zur Ehelosigkeit. Allerdings hat jeder Mensch irgendeines von den hier erwähnten Charismen — auch der Gottlose, der es zum Sündigen mißbraucht. Es kann niemand Mensch sein, ohne ein Charisma zu haben. Aber damit ist er nicht erlöst.

Merken wir, wie unklar der Begriff „Charismatiker" ist? Aufgrund der Tatsache, daß Naturtalente auch Charismen genannt werden, zu schließen, daß alle Charismen Naturtalente sind, ist ein Irrtum, der daher kommt, daß man die verschiedenen *Arten* von Charismen nicht unterscheidet. Schon bei der nächsten Art stellen wir fest, daß es notwendige *übernatürliche* Charismen gibt, die wir empfangen müssen.

CHARISMA GOTTES

Die zweite Art ist das Charisma Gottes — CHARISMA THEOU —, von dem wir in Römer 6, 23 lesen: ,,Die Gnadengabe Gottes aber ist ewiges Leben in Christus Jesus, unserem Herrn." Daß dieses Charisma nicht ein ,,Naturtalent" oder etwas aus uns selbst ist, liegt auf der Hand. Alle Charismen des dreieinigen Gottes sind übernatürlich. Sie werden uns gegeben und werden im Glauben empfangen. Nicht unsere Natur gibt ewiges Leben, sondern Gott gibt es in uns hinein.

CHARISMA CHRISTI

Drittens spricht das Neue Testament von den Gnadengaben Christi, d. h. dem CHARISMA CHRISTOU. Diese Gabe ist nach Römer 5, 15 + 16 die Vergebung der Sünden und die Rechtfertigung des Sünders aus Gnaden durch den Glauben. Dieses Charisma ist ganz gewiß etwas anderes als eine Naturfähigkeit oder auch eine Geistesgabe. Gewiß, alle Charismen haben einen gemeinsamen Nenner: Die unendliche Gnade Gottes. Dennoch haben sie alle ihre Besonderheit und sind in der Art, Bedeutung und Wirksamkeit verschieden.

CHARISMEN DES GEISTES

In 1. Korinther 12, 4—11 (vgl. auch Römer 1, 11, wo CHARISMA HYMIN PNEUMATIKON = Gnadengaben des Geistes steht) wird nun von einer besonderen Art von Gnadengaben, nämlich von den Gnadengaben des Geistes geredet. Diese Gaben sind Dienstgaben für den Dienst vor Gott, an der Gemeinde und in der Welt. Das Wort für ,,Verschiedenheiten" in Vers 4 kann mit ,,Austeilungen" übersetzt werden. Es kommt vom Verteilen der Siegesbeute her. Die Ausrüstung mit Geistesgaben ist eine Folge des Kreuzessieges, diesem Triumph der Gnade. Der Begriff will andeuten: Alles das, was wir an geistlichen Charismen haben, fließt aus dem Sieg Christi. Deshalb werden diese Gaben unter dem Kreuz empfangen und helfen dazu, das Wort vom Kreuz zu verkündigen und das Heil des Kreuzes in den Mittelpunkt zu stellen.

Ein Ablehnen der Charismata des Geistes, wie es heute teilweise geschieht, ist völlig unverständlich. Paulus hat zum eifrigen Streben nach diesen Gaben ermahnt. Bei Paulus haben die Begriffe CHARIS (Gnade) und CHARISMA eine zentrale Bedeutung. Er führt die beiden aufeinander zurück und weiß, daß beides für die Gemeinde wichtig ist. Die Gnade, die sich in verschiedenen Gaben erfahren läßt, soll dem Menschen zum Heil und Segen gereichen.

Also sind die Gnadengaben des Heiligen Geistes nicht einfach Naturtalente, die in den Dienst Gottes gestellt werden, etwa wie die Fähigkeit zu singen, sondern Gaben des Heiligen Geistes. Die Bibel sagt uns: ,,Dem einen wird gegeben ... dem andern wird gegeben ...'' — und am Schluß — ,,Dies alles wirkt ein und derselbe Geist.''

VORAUSSETZUNG ZUM EMPFANG

Wer Gaben des Geistes haben will, muß erst ein Gotteskind sein. Er muß Vergebung der Sünden und den Empfang göttlichen Lebens erfahren haben. Gewiß, jemand kann schon eine Offenbarung des Geistes haben, bevor er den Geist Christi hat. Das ist möglich. Er kann, um ein Beispiel zu nehmen, ein göttliches Traumgesicht haben, durch welches er erweckt wird. Aber dadurch hat er noch keine Gabe des Geistes. Die einmalige Offenbarung ist für einen ganz bestimmten Zweck da. Sie ist aber keine Gabe, die gegeben ist, um immer wieder neu Offenbarungen zu empfangen.

Ein klassisches Beispiel dafür ist Kornelius. Zu ihm trat ein Engel in einem Gesicht und gab ihm einen Auftrag. Damals war Kornelius noch kein Christ und hatte nicht Christi Geist. Dennoch hatte er eine Offenbarung des Geistes. Später, als er den Heiligen Geist empfing, redete er in Zungen und pries den Herrn. Nun hatte er eine Gabe des Geistes empfangen. Der Engel im Gesicht sagte auch nicht zu Kornelius: ,,Hör zu, bleibe offen für weitere Offenbarungen, die ich dir geben werde, und so wirst du die ganze Wahrheit erkennen'', sondern: ,,Und nun sende Männer nach Joppe und laß holen Simon, mit dem Zunamen Petrus ..., und der wird dir sagen, was du tun sollst.''

Hier ist wieder ein sehr wichtiger Punkt: Es ist immer abzulehnen, wenn jemand fortlaufend Offenbarungen hat, ehe er bekehrt und wiedergeboren ist. Manche Christen haben hier Unklarheiten. Sie meinen, es ist auch der Heilige Geist, der aus solchen nicht wiedergeborenen Menschen spricht. Aber Er ist es nicht. Was sich hier äußert, kann dämonisch oder krankhaft sein. Um die Gaben des Heiligen Geistes empfangen zu können, muß man ein Eigentum Jesu sein. Man muß durch den einen Geist zu Seinem Leibe getauft sein. Paulus könnte dieses ganze Bild vom Leib und seinen Gliedern nicht gebrauchen, wenn nicht die Grundvoraussetzung, um Gnadengaben des Geistes zu empfangen, die wäre, daß man Glied am Leibe Christi ist. Das ganze Bild würde hinken. Es kann nur einer, der Glied am Leibe Christi ist, echte Gnadengaben des Heiligen Geistes empfangen. Diese Klarstellung scheint mir in unserer Zeit besonders wichtig zu sein.

Deshalb muß die Predigt von Bekehrung und Wiedergeburt der Botschaft vom Empfang der Gnadengaben des Heiligen Geistes vorausgehen. Wo man Bekehrung und Wiedergeburt ablehnt, kann es auch nicht zum Empfang echter Geistesgaben kommen. Sowohl in Römer 12 als auch in 1. Korinther 12 werden die Charismen mit Gliederdiensten im Leibe Christi verglichen.

OFFENBARUNG DES DREIEINIGEN GOTTES

In 1. Korinther 12, 4—7 lesen wir: ,,Es gibt nun zwar verschiedene Arten von Gnadengaben, aber nur einen und denselben *Geist;* und es gibt verschiedene Arten von Dienstleistungen, doch nur einen und denselben *Herrn;* und es gibt verschiedene Arten von Kraftwirkungen, aber nur einen und denselben *Gott,* der alles in allen wirkt. Jedem wird aber die Offenbarung des Geistes zum allgemeinen Besten verliehen.''

Die Gemeinde Jesu ist immer die Gemeinde des dreieinigen Gottes. Sie ist geradeso Gemeinde Gottes wie sie Gemeinde Jesu ist. Sie ist geradeso Gemeinschaft des Heiligen Geistes wie sie Gemeinde Gottes ist. Dieser dreieinige Gott offenbart sich in der Gemeinde auf dreierlei Weise. Man kann von einer Heils- und Segenstrinität sprechen: Der eine Heilige Geist offenbart sich durch die verschiedenen Gnadengaben des Geistes (CHARISMATA), der eine erhöhte Herr durch die verschiedenen Ämter oder Dienste (DIAKONIAI) und der eine Gott (Vater) durch die verschiedenen geistlichen Kraftwirkungen (ENERGEMATA). Alle drei Offenbarungen des dreieinigen Gottes sind zum Bau der Gemeinde wichtig, denn die Gemeinde soll eine Offenbarungsstätte des dreieinigen Gottes sein. Vater, Sohn und Heiliger Geist sollen auf ihre Weise in der Gemeinde speziell wirken können.

Wir müssen feststellen, daß der Gemeinde Jesu der Blick für diese Segenstrinität verloren ging. Vom Anfang des Christentums an wurde das geistliche Amt nie ernstlich angefochten. Was man unter dem Amt verstand und dabei als wesentlich ansah, das waren Dinge, über die man evtl. stritt. Aber die Dienste als solche wurden kaum in Zweifel gezogen, obwohl manche dieser Diener durch ihre Verkündigung falsche Lehren brachten. Doch die Tatsache, daß ein Amt der Verkündigung nötig ist, wurde nie bestritten. Den Kraftwirkungen stand man schon eher reserviert gegenüber. Aber Offenbarungen der Geistesgaben hatten es noch schwerer. Wo sie aufbrachen, wurden sie entweder mißtrauisch beobachtet oder gar bekämpft. Wo man sie duldete, sah man in ihnen eher eine Kuriosität. Nach einer Zeit verschwanden sie dann wieder. Aber wir brauchen Gemeinden, in denen alle drei Offenbarungen des dreieinigen Gottes vorhanden sind.

Zusammenfassend können wir sagen: Wo die Gnade sich voll auswirken kann, wird sie konkret werden in verschiedenen Gnadengaben. Wo der Geist der Gnade ernstgenommen wird, da müssen auch Gnadengaben des Heiligen Geistes vorhanden sein.

AKTUELLE BÜCHER —
MAN MUSS SIE GELESEN HABEN!

OFFENBARUNG DES VERBORGENEN   R. Douglas Wead

Ist es möglich, Informationen zu erhalten, die man durch die fünf menschlichen Sinne bzw. durch andere normale menschliche Möglichkeiten nicht bekommen kann? Wenn ja — wie ist es möglich? Durch übersinnliche menschliche Fähigkeiten? Durch dämonischen Einfluß und okkulte Praktiken? Durch Gott, der, wenn Er es nötig findet, dem Menschen Verborgenes offenbart, wie z. B. den Propheten im Alten Testament? Wenn Gott es heute noch tut, auf welche Weise tut Er es? Mit diesen und ähnlichen Fragen beschäftigt sich das Buch und zeigt dabei etwas von den Möglichkeiten der Gaben des Heiligen Geistes.

Art.-Nr. 20 066　　　　　148 Seiten　　　　　　　　　　**DM 9,95**

DIE TRINITÄT DES MENSCHEN   Dennis und Rita Bennett

In den letzten Jahren hat man überall wiederentdeckt, daß das dreidimensionale Wesen Mensch im Grunde genommen eine Einheit ist und daß es falsch ist, eine der menschlichen Dimensionen — Geist, Seele, Leib — auf Kosten der anderen besonders zu betonen oder zu vernachlässigen. Nur wo Geist, Seele und Leib die ihnen zukommende Beachtung finden, kann sich dies zum Wohlbefinden der ganzen Persönlichkeit auswirken. Als Christus auf Golgatha Erlösung für den Menschen erworben hat, dachte Er an den ganzen Menschen, an alle drei Dimensionen. Wer dies nicht sehen will, verkürzt das Werk Christi. In diesem Buch redet der bekannte „Vater der charismatischen Bewegung", Dennis Bennett, vom Wirken des Heiligen Geistes und der Erlösung Christi im ganzen Menschen.

Art.-Nr. 20 085　　　　184 Seiten (Paperback)　　　　**DM 11,80**

PROBLEME? ES GIBT EINE LÖSUNG   Malcolm Smith

Ein bekannter Prediger mit großer Karriere (man nannte ihn den „englischen Billy Graham") entdeckt, daß seinem Dienst der geistliche Tiefgang fehlt. Er hat wohl Erfolg zu verzeichnen, aber keine bleibende Frucht. An dieser Erkenntnis zerbricht er. Dies ist Gottes Gelegenheit, ihm durch den Heiligen Geist neu zu begegnen und auszurüsten. Diese neue Gottesbegegnung löst seine eigenen Probleme und auch die seiner Gemeinde. Es gibt eine neue Belebung. Ein Buch, das jeder ernste Christ lesen sollte.

Art.-Nr. 20 055　　　　　144 Seiten　　　　　　　　　　**DM 5,95**

FOLGE MIR!   Malcolm Smith

Vom gleichen Verfasser wie „Probleme? Es gibt eine Lösung" liegt nun auch das Buch „Folge Mir!" vor. Hier greift Smith die Frage auf, wie Menschen, die eine Christusbegegnung gemacht haben, durch die Leitung des Heiligen Geistes und durch das Vorbild und die Führung anderer Christen zu echten Christusnachfolgern werden. Wahres Christentum heißt eintreten in ein echtes Jüngerschaftsverhältnis. Gleichzeitig wird jede Gemeinde und jeder Geistliche gefragt, ob er bereit ist, aus christlicher Gesinnung für den Nächsten Verantwortung zu übernehmen.

Art.-Nr. 20 068　　　　　160 Seiten　　　　　　　　　　**DM 9,95**

Preisänderungen vorbehalten.

DIE SIEBEN LETZTEN JAHRE Carol Balizet

Bei diesem Buch handelt es sich um eine ausgezeichnete biblische Erzählung, die die letzten sieben Jahre der Weltgeschichte zum Thema hat. Vor dem Leser rollt eine dramatische Folge von Ereignissen ab. Wir fühlen uns beim Lesen dieses Buches mitten hineingestellt in diese Zeit und erleben die Entrückung, die Auswirkungen der in der Offenbarung geschilderten Plagen und Gerichte der Trübsalszeit, das Auftreten und Großwerden des Antichristen und all die Ereignisse der Endzeit mit. Die Verfasserin versteht es, all die in der Bibel berichteten Endzeitereignisse so meisterhaft und spannend zu schildern, daß man das Buch bis zur letzten Seite nicht mehr aus der Hand legen möchte. Sie sollten es unbedingt lesen.

Art.-Nr. 20 079   384 Seiten   **DM 17,80**

DER WANDERER GOTTES Ellen Gunderson Traylor

Das ist die Geschichte eines Mannes, der es unter dem Eindruck eines sein Leben umwandelnden Erlebnisses wagt, sich gegen Religion, Überlieferungen und Sitten seiner Gesellschaft aufzulehnen, alle Sicherheiten hinter sich zu lassen und in die Ungewißheit eines Neuanfangs zu gehen. Mit dem Leben Abrahams, denn er ist der „Wanderer Gottes", wird uns ein gewaltiges Panorama der alten Welt entrollt. Wir werden nach Ur, Damaskus, Sodom und Ägypten geführt und lernen auch ein Stück des Lebens der Nomaden kennen. Gleichzeitig ist es aber auch die Geschichte der Geburt eines Volkes, das später „Gottes Volk" genannt wird, nämlich Israels. Sie sollten nicht versäumen, dieses Buch zu lesen.

Art.-Nr. 20 084   366 Seiten (Paperback)   **DM 17,80**

ENTSCHEIDUNG AUF DEM KARMEL William H. Stephens

Das ist die Geschichte Elias, des großen Propheten Israels, der als einzelner den Mut hatte, sich von Gott gebrauchen zu lassen, um gegen die bestimmende geistige Strömung seiner Zeit und gegen das israelitische Königshaus aufzustehen. Dabei kommt es zur gewaltigen Auseinandersetzung zwischen dem Gott Israels, dem Gott Abrahams, Isaaks und Jakobs, der durch Elia vertreten wird, und der heidnischen Baalsreligion, die von der phönizischen Königstochter Isebel, die Israels Königin ist, in Israel eingeführt wird. Diese Auseinandersetzung findet in dem dramatischen Gottesurteil auf dem Karmel seinen Höhepunkt. Ein ungeheuer packend erzähltes Buch. Sie sollten es unbedingt lesen. Auch als Geschenk gut geeignet.

Art.-Nr. 20 029   312 Seiten (Paperback)   **DM 17,80**

SOLLTE GOTT KEINE WUNDER TUN? Träff/Petman

Immer wieder hören wir in der heutigen Zeit unter aufrichtigen Christen die Frage, ob Gott doch noch einmal eine gewaltige Erweckung schenken wird. Dieses Buch hier ist die Geschichte einer großen Erweckung in unserer Zeit, die ein ganzes Volk bewegte. Es ist die dramatische Lebensgeschichte des finnischen Evangelisten Niilo Yli-Vainio. Durch ihn brach in Finnland eine gewaltige Erweckung aus, die noch andauert. Tausende fanden zu Christus, Wunder geschahen, Kranke wurden geheilt — und das alles heute!

Art.-Nr. 20 090   142 Seiten (Paperback)   **DM 10,80**

Preisänderungen vorbehalten — Zu beziehen durch:

Leuchter-Verlag eG, Industriestraße 6—8, D-6106 Erzhausen, Postfach 1161
In Österreich: Buchhandlung der Methodistenkirche, A-1082 Wien,
Trautsongasse 8, Postfach 65